ゆるす愛の奇跡

わが路傍のカウンセリング

伊藤 重平 著

黎明書房

新装版によせて

愛の川カウンセリングセンター所長　磯部陽子

『ゆるす愛の奇跡』が新装版になって出ることを、とても喜んでいます。これからの子どもの幸せを願いますと、益々社会からこの本が求められているように思われてなりません。

私が伊藤先生に初めてお会いしたのは、先生のご講演をおききした時です。「困った子を直すのも、よい子を育てる方法も一つです。同じやり方なのです」と言われました。私はとても驚きました。当時、私はかなり子育て熱心で、子育てのし方を求めてあちこちの講演に行きましたが、その都度、紹介される子育てのし方が違っていたので、迷って疲れていました。その私が、ようやく私の求めていた、どんな時代でも子どもがくじけず、明るく平和に生きていける子に育つ子育てに出会ったのです。

その後、先生から直接カウンセリングを学び、今の仕事を始めて十数年になりました。多くの親や子を面接しましたが、この本の通りに子どもたちは立ち直り、社会に出て行っております。立ち直る度ごとに、この本の正しさを改めて確信し、この本に出会えたことを感謝しています。

伊藤先生のカウンセリングの真髄は、一言で言えば「ゆるす愛」です。

『ゆるす愛の奇跡』の冒頭の「暴走族の息子とその母」には、「人をほめる」というごく身近なことだけで、「暴走族の息子」を立ち直らせたすばらしいカウンセリングが語られています。それは常識では考えられないことです。奇跡としか言いようのない嬉しい結果になっています。しかし、このカウンセリングをよく見ますと、奇跡を生み出すには法則があって、その法則通りに伊藤先生がなさっていることがよくわかります。先生は長年の体験によってこの法則を発見されました。この本には、奇跡を生み出した舞台裏が惜しみなく書かれています。

ゆるす側とゆるされる側の双方に納得のいく理由があれば、ゆるしが伝わって愛となります。この本の中にある、「ほめることを見つけるのではなく、ほめるところをつくってでもほめる」ということは、ゆるしが伝わる最高のものです。伊藤先生は、また、子どもが必ずほめられる答をするように問いをつくって、問いかけられておられます。さらには、「その通りですよ」「すばらしいことが、わかりましたね」「それはすごい、やはり君はやれる子だな」といった短い、印象深い言葉でほめておられます。それは、この本の中の子どもたちの人生を決定づけるものとなりました。

ほめることとは子どもの存在を喜ぶ心から現れるのであって、おだてるのとは全く質の違うものであります。ほめることは相手の過去をゆるし、劣等感を癒し、相手を責められているものから解放し、絶望している者に希望を与え、やる気を起こさせる深い愛です。

この本をお読みになれば、新しい知恵を与えられ、もっと気を楽にして子どもに接していけることでしょう。そのことで、子どもからたくさんのゆるしと喜びを与えられるに違いありません。

子育てに悩む親や教師ばかりでなく、子育てに携わる方々の座右の書として備えてほしい一冊です。

はじめに

このごろはカウンセリングということばが、いろいろな分野で使われ、とりわけ教育の分野では珍しいことばではなくなっている。

本書は、登校拒否、非行、家庭内暴力などの状態に陥った子どもが、どのようにして挫折から立ち直っていったかを具体的に記したカウンセリングの記録である。

カウンセリングの対象となる問題は、教育問題の枠を越え、すべて広い意味での心理療法のレベルで考えなければならない。

たとえば、子どもをどこへ進学させたらよいか、というようなことは教育の問題であるが、子どもに勉強をやる気がないとか、登校しないがどうしたらよいのか、ということであれば、それはカウンセリングの対象となる。

カウンセリングは講演とは異なり、一人ひとりの身体に合わせて服を作る仕事や、カンバスの上に一筆一筆描いていく芸術の仕事にまことによく似ている。「絵は描き足らなくてもいけないが、描きすぎてもよくない」という画家のことばがあるが、カウンセリングでもまったく同じことが言える。

私が、子どもの相談をもちこむ人と面接する時、その子の生育史をある時は微視的に、ある時は巨視的にたずねるのもそのためである。

本書では、二歳の保育園児から、青年まで、幅広い年齢層の事例をとりあげた。注意深い読者は、これらの事例に共通するいくつかの法則を発見するにちがいない。

本書は、前著『愛は裁かず』のいわば続編であるが、相談の事例は名前や場所は変えたが、皆、事実である。前著で書き足らなかったカウンセリングの法則を、より明確にするようにもつとめた。

子どもの問題で、出口を失なって途方にくれている親ごさんや、それらの人に援助の手を差しのべようとする方々に、少しでもお役に立てばと願いをこめて、この書を世に送る。
最後に、種々助言をいただいた黎明書房高田利彦社長、武馬編集長、直接担当してくださった編集部の瀬扶美子さんに謝意を表したい。

昭和六十一年　初秋

伊藤重平

もくじ

もくじ

1 暴走族の息子とその母
——路傍のカウンセリング

かなり

長い時間だったと思うが、診療所の腰かけで受診を待っていた時のことである。人が押し合うように長い腰かけに並んでいたが、誰も話す人はなく、静まり返っていた。

隣の席に中年の女の人がかけ、視線を床の一点に落とし、じっと考えこんでいるのに気がついた。このような席で、そのような光景があっても別に不思議なことではないが、それがどうしたことか気がかりになった。

「何か

ご心配なのですか。」

そのようなことを言うまいと何度も制していたのであるが、ついに声を落として、のぞきこむように横からことばをかけた。

すると、顔を上げて、

「病気ではなくて、子どものことなのです。」と、痛々しいほど弱いことばが返ってきた。

子どものことである。それも病気のことではない。

その時、そうか、ことばをかけてよかった、という思いが、反射的に起きた。

それならば、援助の手を差しのべる余地がある、とその瞬間閃《ひらめ》いたからである。

「お子さんのことでしたら、ご相談にのってあげましょうか。」と、思い切って言ってみた。

しかし、その人は、打てばひびくというような反応は示さず、黙っていた。

人は他人の行動に対して、何ゆえその人はそのような行動をとるのかと理由を考え、さまざまな解釈を試みる。そして、その解釈によって、その人への対し方が異なってくるのである。

そのように考えたので、今度はその人に対して自己紹介を試みた。

「私は家庭裁判所に長くいて、少年事件を扱ってきた者で、子どもをよくする専門の仕事を今でもしているんですよ。」と、説明した。

この時、その人は、一瞬驚きの表情を見せた。

その理由は、後になってわかったことであるが、ちょうど同じ時期にその人の子どもが事件を起こし、それが少年の保護事件として家裁に送致されていたのである。

しかし、その時も、母親は子どものことと言っただけで、何もことばに出さなかった。それほどその人は深刻な状況にあったのである。

そこで

さらに、

「私は子どもの直し方について何冊も本を書いています。名古屋大学の精神科の教授堀要先生とも共著で書いたこともありますし、ごく最近、『愛は裁かず』という本を黎明書房から出版しました。」ともつけ加えた。

その時、はじめてその人は、

「ありがとうございます。」と、ていねいに礼を述べた。そして、

「私は手や足の痛む難病で、今、療養中なのです。家には二人の男の子がありますが、心配なのは長男です。」と、話し出した。

「ご主人は。」とたずねると、

「主人は、昨年の暮に急に亡くなり、今は三人暮しです。」と、家庭の状況を説明した。

「私は、長男には高校へ進学してほしいと思っていたのに、中学を卒業しても高校へは行かず、きちんとした仕事にもつかず、毎日遊んでは小遣いをねだるのです。」と、問題の核心に触れて言った。

「学校時代の成績はどうでしたか。」

「小学校は普通でした。どうしたことか中学へ行ってから勉強をまったくしなくなりました。このごろはオートバイに熱中して、毎日やっています。」

これは、挫折した子どものよくある型で、その意味から言えば、決して珍しい例ではない。

無職の少年の非行が大きな社会問題になっている時で、その日も新聞に、「ブラブラ少年の犯罪増える」などという見出しでとりあげられていた。

オートバイに熱中するから勉強しない、と親は考えるが、勉強したくないからオートバイに熱中するのである。

それと同じように、テレビを見るから勉強しないのではなく、勉強したくないから、テレビを見るのである。

「毎日、なかなか起きてこず、食事もいっしょに取らず、午後二時ごろまで寝ています。夜になって同じような友だちが誘いにくると、赤や黄の派手な服装をして、オートバイに乗って出かけていきます。どこで何をしているのかわかりませんが、午前二時ごろ帰ってきます。

私は、帰ってきた時には眼をさましますが、ガタガタするので、近所にもわかることですし、腹が立って、腹が立って、しかたがないのです。

数人の似たような仲間がいて、先日も四人組で大変な事件を起こしてしまいました。

私が心配になって、『いったいお前はどういうつもりでいるの。学校へも行かず、仕事にもつかず。』と、世話をやくと、すごい調子で、『黙っておれ。』と怒りました。」

母親は、最後のことばをあきれるように言ったあと、黙ってしまった。

「お母さん

はお子さんをほめることがありますか。」

「ありません。ほめることなんかないのです。」

母親からは予想通りのことばが返ってきた。そこで、

「相談にくる人は、そのようなことをよく言いますが、ほめるとお子さんはよくなりますよ。」と、断定した言い方をしてみた。

すると、母親はまた黙ってしまった。対話の中に置かれた〝間〟である。

やがて、母親は「わかった」という表情をして、

「ほめることをさがすのではなくて、つくるのですね。」と、語調を強めて、私が言いたかったことをズバリと言った。

天より与えられた閃きとでも言うべき、すばらしい着想である。

人は追いつめられて真剣になると、突如として道が開ける。

この時、暗かった母親の顔がパッと明るくなった。希望が見えたからである。

場所が場所であるので、この面接の中で、母親は固有名詞をいっさい用いず、あたりに気を配り、低い声で終始話した。

子どもの起こした事件も、四人組と言ったのみで、内容については何も話さなかった。

それでよいのである。

相談室でもないこのような所で、子どもをほめてごらん、というような、どこにでもころがっていそうな助言をし、その人の名も住所も聞くことなく、その日は互いにその場を去った。しかし、これも一種のカウンセリングである。路傍のカウンセリングである。

それから

一ヵ月半たったある日の午後に、街の歩道で偶然その人に会った。

急ぎ足で、ほほ笑みを浮かべながら近づいてくる人があったが、最初は誰であるのか、ちょっと思い出せなかった。それは私が忘れやすいからだけでなく、その人があまりにも明るい表情だったからである。

こちらへ急ぎ足で近づき、

「先日はご親切にありがとうございました。」と、言われて、思い出したのである。

「教えていただいたようにしたら、二週間くらいで子どもが変ってきたのです。」と、母親はまず言った。

「先生に診療所でお目にかかって、ご指導を受けたのは、九月ですが、そのころ子どもは、中学卒業後進学もせず、仕事にもつかず、小遣いがなくなると、私にねだり、ラーメン屋の皿洗いにもちょっと行ったりするだけでした。行かない日には、四、五人の友だちが寄ってきて、オートバイを乗り回して遊んでいました。昼間ばかりでなく、深夜もやっていたのです。

私が心配になって、『いったいどういうつもりでいるの。』と、聞くと、『黙っておれ。』と、怒るのです。」

1　暴走族の息子とその母

裁くことばの裁き返しである。

最初診療所で会った時に、すでにこの話は聞いていたが、再び言うということは、よほど胸にこたえていたのだろう。

親が子どもを裁いて注意をすると、無言で無視するのが反抗のはじめであり、繰り返せば、うるさい、とか、くどい、と言って怒る。

子どもが怒るのは、子育ての失敗を意味する。子どもは怒らせてはいけないのである。

しかし、「怒るな」という命令で怒ることをやめるものではない。

親がことばを強めて、

「お前みたいな子は、家においておくわけにはいかん。出ていけ。」と、言えば、「もう一度言ってみろ。」と、暴力の報復をほのめかすごむ子もいる。

親と子の人間関係に歪みがある、と言っても、このように程度の差がある。

それは質のちがいであったり、量のちがいであったりする。

この子の反抗も、質の変化にまでできていたようである。

「毎日、昼の二時ごろまで寝ていて、食事もいっしょにしませんでした。けれども、先生にあの時叱らずにほめるということを教えていただき、また先生のお書きになった『愛は裁かず』を読んで、反省して子どもに謝ったら、半月くらいで子どもが変ってきました。

まず、服装が地味になりました。赤とか黄のとにかく目立った服装をして、一日中オートバイに乗っていたのをやめてくれました。」

私はそれを聞いて、

「ほんとうにすばらしい。」と、ほめた。

それは、母親と、子どもの両方を含めて言ったのである。

「私はずっと前から、子どものよくないところを見つけて世話をやくのが、しつけだと思っていました。

けれども先生のお話と本で、それがまちがいだったということにはじめて気がつきました。先生に教えていただいたように、いっさいこごとを言わないで、一日一回ずつほめることにしたのです。

けれども、あの子にはどこにもほめるところがなくて、見つけるのに苦労しました。いくらさがしてもないので、ほめることをつくるように考えました。」

これを「ほめることを見つける子育てから、ほめることをつくる子育てへ」と言うのである。

ほめることは、相手の劣等感を癒《いや》し、責められている者をゆるし、絶望している者に希望を与え、やる気を起こさせる。

だから、ほめるということは相手を愛することになる。

しかし、「いくら子育てでほめることの大切さがわかっても、私にはほめられません。」となげく人もいる。それは、子どもをゆるすことを忘れているからである。

そこで、この母親は子どもをほめる材料をつくる例をあげた。

「私が

出しに行こうと思えば出せるハガキを、『頼むからポストに入れてくれないか。』と、ていねいに頼み、それをしてくれると、『よく入れてきてくれた。ありがとうね。』と、心から礼を言いました。子どもがオートバイに乗って出かける時は、『面倒なことを頼むが外へ行った帰りに、牛乳を一箱買ってきてくれないか。』と、ほめるための用事をつくりました。買ってきてくれると、『こんなめんどうなことを頼んだのに、よく買ってきてくれた。ありがとう。』と、心から礼を言いました。」

このように、親が子どもにありがとうというのは、親から子へのほめことばであり、ほめことばは、子どもの過去をゆるすことばにもなる。

ゆるさずには、ほめられないからである。

「私は、『愛は裁かず』を読んで、今まで子育てをまちがえてきたように思えてきましたので、子どもに謝ったのです。

子どもが二階からおりてくるのを待って、そこにきちんと座って、『お母さんはあなたに謝りたいことがある。私は教育のしかたをまちがえてきた。お母さんはいつもあなたを裁いて世話をやいてきたが、お母さんが悪かった。ゆるしておくれ。』と、言って謝りました。

すると、子どもも、『お母さん、僕が悪かった。僕をゆるしてください。』と、謝り、私をゆるしてくれて、その日から子どもの笑顔が出はじめました。」

母親がこのようなことをしたということは、今まで責めてきたことを、徹底的にゆるしたことを意味する。

それを見て子どもは、今までうるさいと思っていた叱責を、自分が悪かったからそのように叱られたのだと理解し、母親の行動を当然と認めたのである。

母親は

さらにことばを続け、

「息子をほめると、小さい子のように嬉しそうな顔をしましたが、それをそばで見ていた弟が、『そんなこと誰でもやるよ。』と、言いました。

そうだ、私は弟をほめることを忘れていた。弟もほめなければ、と気がつき、それから弟も一日一回ほめるようにしました。

そして、長男には、こわしたオートバイを自分一人で修理した時は、『むずかしい機械をよく直したね。』と、ほめ、オートバイをもって外出する時は、私は今までしなかったことですが、玄関に出て座り、『行ってらっしゃい。』と言って、送り出しました。オートバイを乗り回して帰れば、深夜であっても、起きて玄関に出て、『お帰り。』と迎え、時には腹の立つのを抑えてでも言いました。（子どもの存在を喜び、その幸せを願うことを愛という。）

私は、息子に対する応答に〝間〟がもてるようになりました。

最初のころ、私が何も言わないのに、息子が機関銃のようにポンポン言ってきても、こんなになったのも過去の私のやり方がまちがっていたからだ、と思うと、不思議とそれがゆるせるようになりました。〝間〟をとって、静かに応答すると、息子も落ちついていきます。」

ゆるす

にはゆるす理由を理性は要求するが、この母親は、このような解釈をしてゆるしたのである。

「そのころから、ものを言わなかった息子も、『行って参ります。』、（暴走に行ってきた後も）『ただいま。』と挨拶をきちんとするようになりました。

食事の時も、『いただきます。』『ごちそうさま。』と言うようになり、食事も、『こんなもの食えるか。』と、言っていたのを、黙って食べ、食器まで自分で片付けるようになりました。

また、私が診療所へ行っている間に、男の子なのに、家族のものの洗濯をやり、部屋をきれいに掃除してくれるようになりました。

それから、『テレビの位置を変えてくれないか。』と言ったら、すぐしてくれたので、『こんなむずかしいことをよくしてくれた。』と、言うと、『お母さん、何でもしてほしいことがあったら言ってくれ、してやるから。』と、言ってくれました。

私は嬉しくなって、『そんなやさしいことを言ってくれてほんとうにありがとう。』と、心から礼を言いました。」

このように、子どもの心の中に、母に対するおもいやりの気持ちが育っている。

それは、母親が、子どもをほめることを忘れずに実行しているからである。

ある日、いつも午後二時にしか起きなかった息子が朝早く起きてきて、『お母さんおはよう。』とあいさつし、朝食の仕度の洗い物を手伝ってくれました。私が難病の痛い手で洗っているのに気がついたからでしょう。

『何でも言ってくれ、してやるから。』と、子どもが言ってくれた上に、今度はこちらが何も言わないのに、私のしてほしいことを察して、自分からしてくれたのです。

私は嬉しくて、泣けて、『そんなやさしいことをしてくれて。』と、言いました。」

母親のこの子へのお返しのことばである。

「与えなさい、そうすれば与えられる」と、新約聖書（ルカ六・三八）には書いてある。

愛する者は、愛のお返しを受けるつもりがなくても受けざるを得ないのである。

「すると

今度は息子が、『夕方友だち（暴走族）が呼びにくるけど、来たら、〃今出ていったばかりだ〃と、言ってくれ。僕は二階にいるから。』と、言いました。

私は、『そうか、そうか、〃今出ていったばかりだ〃と、言うのだね。』と、息子の言った口調のまねをすると、『そう。』と言いました。」

この子は、母親に『何でもしてほしいことを言ってくれ、してやるから。』と言うようになったが、今では母親が口に出して言わなくても、母親のしてほしいことがわかるようになった。だから、母親のきらう集団から出たのである。

この子にとっては、このことは集団からの脱出であり、勇気のいることである。

母親が自分のしてほしいことをしてくれた上に、自分をゆるしてくれた時、母の愛を受け、そのお返しとして、母のしてほしいことをしたまでである。

家庭の居心地が悪くなると、子どもは、家で落ちついて勉強をしなくなり、よくない集団に入っていく。それはその方が家庭より居心地がよいからである。

家庭の愛に欠けると、子どもがよくない集団に寄りつくようになる、と言われるのは、家庭で子どものしたことをゆるさず叱るからである。子どもの欠点を指摘して世話をやくことが教育である、と誤解しているからである。

世話をやかず、放任もせず、しかも子どもを教え、しつけをすることもできる——それが教育である。子どもがよくない集団にひかれるのは、それらの集団員である仲間が、よくない行動を互いに裁かず、ゆるしているからである。家庭でそれをすれば、子どもたちはこの子のように家庭に帰ってくる。

この子は、母親が裁かなくなって、そのような集団よりももっと安らぎのある、質的に比べものにならない家庭を見つけて、家庭に帰ったのである。家庭に帰れ、と世話をやいたからではない。子どもの世話をやいて、この母親のしたようなことをなしとげることは、ラクダが針の穴を通ることよりもむずかしい。

八ヵ月

後の来信

合掌　先生ありがとうございます。私は以前、診療所で子どものことで相談し、ご指導いただいた者でございます。

その節は本当にお世話様になりました。ありがとうございます。長男のことで悩み、途方にくれておりましたところ、先生にお声をかけていただき助けられました。

私は膠原病《こうげん》で、体は不自由、その上主人を亡くして家庭が暗くなり、子どもはオートバイの暴走、事故、病院、警察、裁判所の道順を繰り返すようになりました。

手は痛く、足は思うように動かず、体をひきずりながら、子どものために頭を下げたり、涙を流したりしました。

これも皆、私の子育てのまちがいのためでした。

どうかこの母親のまちがいをゆるしてください、と謝る気持ちでやり直しをしてきました。

あの子のおかげで、今では私の足も自由に歩けるようになり、お箸を持てなかった手が、こうして字も下手ながら書けるようになりました。

どこへいくにも足を引きずって、タクシーによいしょと乗っていた私が、今はバスの乗り降りも自由にできるようになりました。

あの子が無職で家に居て、オートバイばかりに夢中になっていたころ、先生にご指導いただいた〝ほめること〟を実行しました。ハガキ一枚郵便局へ出しに行ってくれることからほめました。するると、私が病院へ行っている間に家族の洗濯をやり、部屋をきれいに片付け、皆に時の挨拶もできるようになりました。

手の不自由な私の身の回りの世話をし、心やさしくいたわってくれています。

けれども、荒れ狂っていたころの後始末で、家庭裁判所へも行きました。四人グループでやった恐喝事件です。私はこの痛い手で息子の改心ぶりを一生けんめい手紙に書き、裁判所へ出しました。

先生のおかげで、私共親子は助けられました。最後の審判の時、審判官から「不処分」という思いがけないことばを聞いて、帰りのタクシーの中で、親子で泣きました。

先生、ほんとうにありがとうございました。

嬉しいのです。ありがとうございました。

息子は、かわいがってくださる近くの会社に喜んで行っています。その会社はこのような子を受け入れてくださり、世話をしてくれています。まだまだ欲を言えば切りがありませんが、息子より私の心の方が変り、救われましたことを感謝しています。

1　暴走族の息子とその母

今まで私は自分の気に入らない事があると、誰かれかまわず裁いておりました。とりわけ息子を裁いておりましたが、先生にお目にかかってから親子で互いにゆるし合い、気持ちもすっきりして、それ以来、明るく笑顔で毎日を過ごさせていただいております。

息子の眼のかがやきも変ってまいりました。

先生にご指導いただいた通り、私が素直な心に変り、物の見かたを変えただけです。

裁かず、ゆるすようにしただけです。

子育てで悩んでいる人が多いせいか、このごろ親ごさんが、何人も私の所へご相談にみえます。どうしてあのようなよい子になったのか教えてくれ、と言うのです。近所の人にも息子はよく挨拶をするし、歩く姿から立派になった、と言ってほめてくれるのです。服装もがらっと変りました。

人からそのように聞かれると、私は先生の『愛は裁かず』を読んでごらん、と言ってお貸しするだけです。

ほんとうに何とお礼を申してよいやらわかりません。

先生ありがとうございます。

先生にお会いできるのを、長い間心待ちにしておりましたが、お会いできず、お礼が遅れましたことをおわび致します。

ありがとうございました。

五月六日

かしこ

手紙の最後には電話番号も記してあった。

そこでさっそく電話をした。私の住所は、出版社で聞いたとのことであった。

話しているうちに母親は、

「先生に最初にお目にかかった日、私は子どものことで悩んで、あの診療所のビルの屋上へ行って……」と、急に声をつまらせ、やがて声が涙声に変った。

「……を考えていたのです。どこかに、金網のやぶれがないかと……」

「……けれども、どこにもそれがなく、恥しい話ですが、あそこの待合室で考えていた時に、声をかけていただいたのです。」

こうして、あの時すでに追いつめられて限界状況にあったことをはじめて話してくれた。

あの時の母親の様子が、これではじめて理解できたと同時に、やはり、声をかけてよかった、と思った。

「あのころ、子どものことで他へ相談に行ったのですが、そこでは、『本人が変らなければ……』と、ただ言うだけです。

また、他の人の所へ行くと、『親のしつけが悪い。』と言って、私が叱られてくるのです。また親しい人たちに相談すると、『あなたがあまい。よし、俺が行ってやる。』と、言って、来ると皆子どもを撲るのです。

私は撲ってもらうために来てもらったのではないのに。

先生のお話を聞くまで、私は全部逆をやっていました。子どもにも反省しなさい、と言っていましたが、反省するのは親である私の方だったのです。

家庭裁判所へ審判を受けに行った時、共犯の他の子たちが厳しい処分を受けたのに、息子は態度もよかったので、息子だけが不処分になりました。」と、手紙に書いてあったことを再び言って、また涙声になった。

この母親のたどった子育ては、子育てに悩む多くの人々がたどる経路を示している。

相談機関であるのに、子どものことで親が相談に行くと、

「あなたが変らなければ。」と、言ったり、

「子どもが変らなければ仕方がない。」と、言うだけで、どのように変るのかを具体的には教えてくれないことがある。

仮に方向を教えてくれても、当事者はどうしたらそのように変ることができるのかがわからないこ

とがある。

この母親が二番目に相談に行った所も、「親のしつけが悪い。」と、過去を責めるだけである。親はただ裁かれて、宿命論的になるだけで、そこから希望が出てくるはずはない。

このような対応は、学校の保護者会の個人面接でもよくある。

「家庭のしつけが悪いから気をつけてください。」などと、この母親が二番目に相談に行った所と同じ言い方をする。

このような場合、この母親も言っているように、裁かれて裁き返したくなるだけである。

もちろん、これでは助言にならない。かえって、母親が子どもをもっと荒れさせてしまうだけである。

次にこの母親が相談した人は、「あなたはあまい。」「あまやかすな。」と教え、母親に代って体罰の実演をしてみせた。

不幸なことではあるが、子育てに失敗する人が、一度はする経験である。

この「あまやかすな」ということばは、うっかりすると、愛ではないものといっしょに、真の愛まで洗い流してしまう一方、体罰と名のつく暴力のしつけを助長させる。

しかし、このような体罰と組合せた他の処置によって子どもがみごとに立ち直った例はある。

父親から相談を受けた叔父が、「よし、俺が行ってたたき直してやる。」と言ってその子に会うと、猛烈に撲りはじめた例である。その時そばにいた父親が、「俺の大事な子に何をする。」と言って、倒れた子どもの上に掩《おお》いかぶさり、撲るのを止めた。

叔父は、「せっかくたたき直してやるために来たのに。勝手にしろ。」と怒って帰ってしまった。

それ以来その子の困った行動が改まり、立ち直った。一瞬のできごとである。

この場合は、父親一人では立ち直らせることができなかったのが、叔父の暴力による制裁と組合せにして、それをかばう親の愛によって、成功したのである。

しかし、この暴走族の子どもの母親が子育ての最後にたどりついたのは、「子どもをゆるす寛容と、子どものしてほしいことを与えること」であった。

それを愛という。

その後

母親からは、年賀状が二度届いた。その度に幸せになった子どものことと、礼のことばが書き添えられていた。

街頭でも偶然会ったことがあるが、いきいきとして顔色もよく、体もよくなっているように見えた。

そして、いつものように、子どものことについて、ていねいな礼を言ってくれた。

2 撲っても子どもは眼を覚まさなかったが…

——秀才が息切れをした時

「ご相談」 したいのは中三の男の子で、立田芳樹と言います。小学校時代にはよく勉強し、成績はすべて五段階評価の五でした。しかし、有名私学の附属中学を二つ受験して、いずれも失敗しました。」というある母親からの電話相談である。

知人の吉野さんの紹介ということだった。

「そこで、公立中学に進学しましたが、一年一学期の成績は、すべて五段階評価の五でした。それが二学期から成績が下りだしました。自分の部屋に鍵をかけて、家族に背を向け、近よると、うるさいな、というようになり、学校でも問題を起こすようになりました。

そのころ、主人が、『ぶっ殺す。』と、言って怒ると、『おれは、包丁を持っているぞ。』などと言って対抗するようになりました。」

母親はおろおろした声で続けた。

「父親と子どもを引き離すために、一ヵ月半、子どもを精神療養所に入院させました。そのころだったと思います。同級生から、『実力がないのにいばるな。』と、言われたのでその子に暴力を加え、その子の親が学校へ抗議しましたので、親子で謝りに行きました。

しかし、中学一年のころは、悪いといっても、まだそれほどではなく、学校へはきちんと行っていました。

中二の六月ごろから、学校でもノートをとらなくなり、二学期からは、試験の答案も白紙で出すようになりました。

一学期の出席は三十五日、二学期は三日出席しただけです。成績は一、二学期ともに、すべての科目が五段階評価の一でした。そこで、精神療養所に、また十日間入院させました。

中学三年になると、ほとんど朝起きられなくなり、起こしても十時ごろにしか起きてこないようになりました。

昼ごろ登校し、ある時は学校でガラス三枚をげんこつで割って、担任の女の先生に注意されると、

『うるせえ、てめえ、何だ。』と、言って、先生の胸ぐらをつかみ、足蹴りをしました。

担任の先生にお目にかかった時、『自己中心的で、社会性が欠如している。』と、言われました。

その年の六月十日から登校停止になりました。

主人は、『眼を覚まさせるには、ぶん撲るしかない。』と、言っていました。

精神療養所の先生からは、『回復がおそい。これは研究課題だ。』とか、『秀才の息切れで、やる時はやるが、やらない時は、やらない子だ。』などと言われました。」

これは電話で、母親が最初に訴えたことである。

このように、母親は、子どもの行動そのものについて話しているが、なぜそうなるのか、という行動の解釈には触れていない。

ここでは母親だけが一方的に話しているように書いたが、実際は、母親のひとことひとことに私が応答しながら話しているのである。

この電話を受けて、「わかりました。」と、応答し、七月中旬、母と子に面接することを約束した。

面接

の前に母親からの手紙を受け取った。

梅雨明け間近な今日このごろでございます。

2　撲っても子どもは眼を覚まさなかったが…

先日、お電話で七月中旬に面接をお願いいたしましたが、日を少し延期していただきたいと思います。

先生にご紹介していただきました吉野さんから、先生のカウンセリング講座のテープを何個もお借りして、片っ端から何度もくりかえして拝聴させていただいております。

先生のお考えのように、子どもを責めずに少しでもよいことをほめるようにしています。

子どもは私の気持ちを感じ取ってくれたのか、頼んだことを身軽にしてくれることが、多くなりました。

四月以来、学校内でトラブルが絶えず、六月初旬には登校停止の状態で、私も何度も学校へ足を運び、学校が紹介してくださった施設を見学に行ったり、教育相談所へも足を運びました。

いずれも、生活を正し、家にいても勉強をはじめ、学校へ帰れるように、と言われました。

そのうち本人が、「自分が校長先生に会って、学校へもどれるように話してくる。」と言い出しました。

主人も私も、本人の自発的な行動を尊重して、それをゆるし、今日、本人が校長先生と話し合いをしてきて、明日からやっと三十四日ぶりに学校へもどれるようになりました。

教育相談所へ行ってみて、「本当に子どもの今の欠点を家庭で正して行くのです。変えてください。」と、言われ、子育ての欠点を指摘され、私は気がめいりますが、学校の勧めなら従わざるを得ないところです。

本人は絶対に相談所へ行かない、とがんばり続けています。

先生、ここ数年間、勉強の挫折、けんか、反抗で荒れ続けた子どもが立ち直るには、どうしたらよいのでしょうか。

家庭内では、このごろ親子、姉妹との関係はよくなり、なごやかになってきました。数年前の状態から見ると、まるで夢のような、なごやかな家庭となりました。

けれども学業をやる気がなく、学校内のトラブルがあり、交友関係の乱れは続いています。

どうしたら快方に向うかを教えてください。先生の講演テープを聴かせていただき、実行してみようと思っています。


この手紙で、考えさせられることは、母親が講演テープを聴いて、子どもを裁かず、よいことをほめるようにしたら、子どもが母親のしてほしいことを快くしてくれることが多くなった、ということである。

この事実は、親が子への対応を変えれば、子どもの行動は好ましい方向に変化していく、という確信を、この母親に植えつけはじめている。

この変り方は、小さなことのように見えるかもしれないが、この家庭のかかえている問題を解決する突破口になる。

手紙には、家庭内の人間関係は母親の懸命の努力によって、ようやく改善され、なごやかになり、この数年来の状態から見れば、夢のようである、と報告している。

したがって、現在の問題は、かつてはよく勉強していたのに、いまだに学業をやる気がないということと、学校でのトラブル、交友の乱れなどである。

母親は、それをどうしたらよいのか、と叫び続けている。

それから

一週間後、母親は、私のカウンセリング講座の録音を聴くだけではなく、講座にも出席するようになった。

講義のあと、母親は面接を求めた。それは会場の一隅で、短い時間という制約のあるものだった。

「午前の講義で、子どものしたことを裁かず、ゆるすことが愛することになる、と聞きましたが、私の家では、今でも主人が、『眼を覚まさせるには、ぶん撲るしかない。』と、言っています。主人は、そう言っていますが、子どもは行動しないのではなく、できないのだ、と私は思っています。

子どもは、夏休みになった今も、勉強する意欲がまったくありません。行動に出ません。よい友だちともつきあっていません。親としては、暗い将来を心配しています。

私は変れ、と言われればどんなにしても変りますが、今まで、どう変ったらよいのか、変り方がわからなかったのです。」

母親がこのように言ったのは、今は、子どもをゆるして責めないように、という自分の変るべき方向がわかったからである。

母親は、父親とちがって、子どもは勉強しないのではなく、勉強できないのだ、と理解している。それがわかったために、子どもをゆるし、子どもにいたわりの気持ちを持つことができるようになった。

そこで、

「お母さんは、よくここまで耐えてきましたね。」と、苦難に押しつぶされずに闘っている姿をたたえ、その労をいたわると、母親は、涙ぐんだ。

しかし、母親にはまだ心の休まるところはない。

「あの子は、学校では、自己中心的で社会性が欠如している、と先生から言われるのです。そう言われれば、家でもそのようなことが眼につきます。それを学校の先生は、家庭で直せ、と言うのです……」と言って、絶句した。

このような言い方をすれば、評価はするが教育をせず、診断してレッテルははるが、治療はしない、という傍観者に似てくる。

母親は、ことばをついで、

「今日の講義で、先生が、家庭で家族が協力して挫折した子どもに温く対応できればそれにこしたことはないが、たった一人でもそのような人がいれば子どもは立ち直る、と言われた時、私はほっとして、それなら私だけでもやってみよう、と思いました。」と、述べた。

夫の協力を期待することは、今はむずかしいが、自分だけでも真剣にとりくもうという決意を新たにしたのである。

また、母親は、

「療養所の先生は、主人の感情の発散が、子どもの家庭内暴力の原因だから、それをやめさせてください、と言われました。」と、思い出して、自分の気がかりになっていたことをつけ加えた。

「ご主人は、お子さんを立ち直らせるための対応のしかたがわからなくて怒るのです。あなたの考えているようにお子さんは勉強しないのではなく、できない、ということが、わからないのです。」

こう答えて、この日の面接は終った。

その後

紹介者の吉野さんから電話があった。

「私は今、名古屋へ旅行しています。東京を出発する時、いつか子どものことでご紹介した立田さんのお母さんから電話がありました。

お母さんが、先生のご指示の通りに子どもに接したら、子どもがみちがえるようによくなった、と知らせてきました。」ということであった。

講演会場で面接をしてから約二十日後のことである。

母親から近況報告の電話（五ヵ月後）

「子どもの近況をおしらせいたします。

子どものよい点を見つけ、ほめてやったら、精神的に落ちついてきました。（注・ほめることは相手のひけ目をゆるす意味になる。）

子どもを裁かず聞いてやるようにしましたら、笑顔がもどり、『僕もやっていけるかしら。』と、言いました。

友だちも健全な子に変ってきました。

あの子は、自分がほめてもらってうれしかったらしく、弟もほめてやってほしい、と言い、弟にもやさしくなり、兄弟げんかもしなくなりました。

先生の講演のテープを何本か聴いたのです。

主人も変りました。

子どもは、今まで登校はしていませんでしたが、家では大学生の家庭教師について勉強しています。

自分から勉強したいから頼んでくれと言ったのです。

顔つきが、にこにこしてきました。人に対して、いたわる気持ちも出てきました。

先生のおかげです。

長く休んでいたのに、二学期の終業式の今日は、登校しました。学校の担任の先生との関係も、よくなりました。(注・よくなったということは、自分が母親からまずゆるされて、この子が担任をゆるすことを学んだからである。)

伊藤先生が、七月の終りごろ、『家の中の一人でも変れば……』と、おっしゃってくださったことに力を得て、私は家庭内の人間関係を改善してきました。それから、あの子は自分から親のところへ来て、話しかけてくるようになりました。

今、中三ですので、受験する高校も先週から探しはじめました。

ありがとうございました。」

こうして長距離電話を切った。

担任から自己中心的で、社会性に欠ける、と評価されたのは、半年前のことである。

こうした面が、学校だけではなく、家庭でも見られる、と言われた子が、母親の寛容な愛によって、このように変ったのである。行動は場の関数であり、場が変れば行動も変る。

それから

約二週間後、家庭で本人に面接することになった。紹介者である吉野さんと母親が、駅まで出迎えてくれた。

二階の和室に通されると、芳樹も挨拶に来て、自分で組み立てたプラモデルのオートバイを机の上に乗せてみせた。

続いて吉野さんが、部屋に通され、中国へ旅行した時持ってきたという貨幣を芳樹に渡すと、芳樹は礼を述べて受け取った。この子の心の病める姿は、どこにもない。

部屋に入ると、突き当りに、本箱が置かれ、そこに、「大願成就　立田芳樹」という書初めがはってあるのに気づいた。

お茶を運んできた母親が、それを指して、

「このような勢いのよい書初めが書けるようなら大丈夫よ、と話していたものです。」と、誰に言うとはなしに言って、その場の緊張をやわらげた。

「芳樹君は、この吉野のおばちゃんを知っているのですか。」と、声をかけると、

「はい、電話でも話しているし。」と、にこやかに答えた。

母親は、お茶を机の上に出して、

「十月ごろまで、出席日数の不足のため卒業の望みはなく、本人も高校進学は考えていませんでした。」と、現在の問題の核心に触れた。

芳樹も、そのことばを受けて、

「十一月の終りごろ一回登校し、十二月の三日から家庭教師に来てもらって、勉強をはじめました。それで二学期の終業式には出ました。」と、つけ加えた。

そして、母親が、

「そのころ、学校から、まだ卒業の可能性がある、と知らされ、本人に話すと、卒業したいと言いました。

それから、私も本人と共に、高校受験のことを真剣に考えるようになりました。

十二月はじめに、先ほどこの子が言ったように、家庭教師をたのみました。真剣に勉強をやり、十二月の中ごろから受験校を探しはじめ、お正月も遊ばずがんばって、数学と英語の中三の教科書を全部やってしまいました。」と、芳樹に聞かせるように賞讃を送った。

「それはすごい。やはり君はやれる子だな。」

私も短いことばでほめた。

実際、それは手放しの賞讃に価することでもあった。まだ、中三が終っていないのに、遅れを取りもどして、それを先まで完了したというのである。

この子は、それまで、やればやれるのに、やらなかったのではない。勉強しようとしても、勉強ができなかった子である。それが、このようにやる気が出てきて、やれるようになったのである。母親一人が、この子を理解してやったというだけで。

その時、母親のことばに答えるように、本人が、

「自分でも、気持ちが落ちついていることがわかります。親は、僕が何もしなくてもぐずぐず言わないし、やればほめてくれるし、以前のことを考えると、よくここまでしてくれるな、と感謝しています。

僕は、今まであいうように落ちこぼれた人たちの気持ちが、わからなかった。でも今、はじめてわかるようになりました。

そして、夏休みごろから、脱線している人たちとつきあうのがいやになった。」と、語った。

夏休みごろ、吉野さんが電話で、この子がよくなった、と連絡してきたことを、このことばを聞いて思い出した。

母親が、

「七月にはじめて先生にお会いしたのですが、そのころから、服装の乱れや、その他のことを注意もしないのに、この子が自分から変えるようになりました。」

「愛は裁かず」と言うように裁くことをやめたというのである。母親が裁くことから、ゆるすことに転換した時、打てばひびくように子どもの行動が変った。

母親が最初に相談の電話をかけてきた時、「子どもは勉強をしないのではなく、できないのです。」

と、言って、子どもをゆるして眺めていたことがある。本人も、「落ちこぼれの子は、勉強しないのではなく、できないのだ、ということがわかった。」と言っている。

ここで、くどいようではあるが、芳樹に、

「お母さんは、以前のお母さんと変ったでしょう。」と、たずねると、

「全然！」と、一言強く言って黙った。

やがて、間を置き、

「どなっていたお母さんと、全然変った。」と、ことばを補って言った。

母親が、子どもへの接し方を反省し、それから急激に態度を変えたことがわかる。

態度は急激に変えるほど効果がある。急激な変化は、子どもにはっきり認識されやすいが、じょじょの変化は、子どもに見逃されやすいからである。

しばらく間を置いて、芳樹が、

「自分一人の力では、僕は浮び上らなかったと思う。お母さんが、僕の近くにいて、親身になって考えてくれました。」と、感謝して言った。

母親の眼には、涙が光っていた。

「僕は自分からお父さんにも、お帰りなさい、と言うようになりました。」

かつては、「俺は包丁を持っているぞ。」と父に言っていた子が、母親にゆるされ、今度は自分が父親をゆるすことを学んだのである。

この相談のはじめに、家の中で、一人変れば、子どもも変る、と母親に言ったことばが、今、現実となったのである。このことばが決して誇張ではなかったことがわかる。

「十一月ごろ、学校へ登校しようかなと思った時、落ちこぼれの友だちを考えると、大丈夫かしら、という不安があったけれど、今はそんな不安はすっかりなくなりました。」

このように不安が軽くなり、なくなったのは、母の愛の深さがわかったためである。

「ある夜、吉野さんの家へ落ちこぼれの友だちと三人で行ったら、吉野さんはお茶を入れてくれて、聖書をいっしょに読みましょう、と言って、話をしてくれました。その時、何となく、よいおばちゃんだな、と思いました。」と、苦しかった時に何かと力になってくれた、隣人の吉野のおばちゃんに、感謝することを忘れなかった。

母親も次のように続けた。

「信仰を持った人というものは、人のためにいろいろとしてくれるもので、吉野さんには、ほんとうにお世話になりました。

子どものことが心配になってから、いろいろな子育ての本を読み、いろいろな先生にお会いしましたが、会っても悩みが深刻になるだけで、これという解決の決め手にはなりませんでした。そういう子に、どう接したらよいかという具体的な方法が示されなかったのです。

でも、今は、先生がおっしゃったように、『子どもを裁かず、ゆるす』ことこそ、愛であるということに、確信が持てました。

他の子育ての本を読んだ時、頭で子どもに対応せず、ハートでぶつかりなさい、と書いてありましたが、それがいったいどういうことなのか私にはわかりませんでした。

この子は中学二年の三学期から、まったく勉強不能になりました。中学浪人は自分には耐えられない、と言うのです。」

このように母親は、残っているこれからの問題を提起したのである。高校受験が、二ヵ月後に待っているからである。

母親の話を聞いていると、実にことばを選んでいることがわかる。

それは、この話の中で、芳樹が、「勉強しなくなった」と言わずに、「勉強が不能になった」と言った点である。

この面接の長い時間、畳の部屋で、私は足をくずしていたが、芳樹は両手を膝に置いて、きちんと正座しているのに気がついた。

「足をらくにして。」と、急いで言ったあと、

「今日はどうでしたか。」と、いつものカウンセリングでするように聞いた。

2　撲っても子どもは眼を覚まさなかったが…

すると、打てばひびくということばそのままに、

「すっきりした、と言うか、晴々したと言うか。」と、はっきりした答えがはね返ってきた。

それを聞いて、母親が、

「先生の講座を聴講した時、先生から、カウンセリングを終った時に、クライエントと呼ばれる本人から、『すっきりした』とか、『明るくなった』ということばが出てくれば、カウンセリングは成功したのである、と、お聞きしました。

今、この子が、それをここで言ったので、こっちの方がびっくりしました。」と、喜びを満面に表して言った。

次の日

吉野さんより電話があった。

「立田さんは私に、昨日はほんとうによかった、と言っていました。立田さんは、『子どもの心をそっとしておき、子どもが何か話せば、私は聞くのです。』と私におだやかな口調で話されました。」と、言った。

そのあと、吉野さんは、

「私が今まで立田君に会う時は、いつもにこにこしているのです。私はいつも、あの子の調子のよい時だけに会ってきているのです。」と、言ったので、

「そうではなくて、あなたがあの子に会うと、きげんの悪い時でも、嬉しくなったのではありませんか。」と、言うと、

「そうでしょうか。」と、喜んでいた。

三月

十八日、母親から公立高校に合格したという電話があった。

「おかげ様で希望の公立高校に合格しました。

私が芳樹に、『伊藤先生の言ったことを覚えていますか。』と、言ったら、『印象深いおことばだから忘れるもんか。』と、言いました。

すべての態度が、よくなったのです。

ほんとうにありがとうございました。」

二十日程して、母親から次のような電話がかかってきた。

「おかげ様で子どもも前向きになって、学校にはいい先生がたくさんいる、と言って、先生との人間関係もよく、すべり出しは順調です。ほんとうに、こんなに心が軽くなるものなのか、と感謝しています。

こんなによくなるとは思いませんでした。

春休みには、四泊五日で子どもと山へ行きました。

中学へ挨拶に行きましたら、校長先生も他の先生方も『一人でもこんなになってくれる子があると嬉しいよ。』と言ってくださいました。」

父親

が、これからのためにも面接したいというので、四月二十一日に再び立田家を訪れた。

母親が駅まで出迎えてくれた。

応接室に通されると、父親が待ち受けて迎え、かたわらに芳樹も同席した。

父親は、今までの礼をていねいに述べたあと、

「あの子は、親が言うのも何ですが、ガラッと、変りました。

試験もよくできて受かったようです。

受験の時の面接では、自分が挫折したことも、自分から言ったそうです。恥かしい話だから、最初は挫折のことをかくしていこうかと考えましたが、立ち直ったことでもあるから、率直に言った方がよい、ということになって、正直に言ったのです。それを先生方は理解してくださいました。

入学後も先生方の感じがよかったようです。」と、子どもが立派になったことと、学校側の寛容を心から喜んで話すのであった。

「彼は今、多くの人たちに世話になったということを感謝しています。」とも言ったが、それは父親

自身の心境でもある。

「家庭教師もよい人が来てくれて、周りの人々も皆よくしてくれたのです。」

このように、父親は周りのすべての人々に感謝していた。

最初、父親と共に腰をかけていた芳樹は、途中から席を立ち、別室の母親に、

「先生とパパが話し合ってくれた方がいいよ。」と、言ったという。

父親がこのように話していた時、芳樹は再び応接室にもどって来て、席についていた。

その後、芳樹に、

「お母さんは、君から見るとどう？」と、母親のいない所でたずねた。

「朝寝をしても、『○○君がもう来るよ。』と、時間を知らせてくれるだけで、前のようにガミガミ言いません。話せば、わかってくれます。一つ一つ考えてわかってくれるのです。」と、芳樹は感謝した。

母親は、もう、子どもを裁く言い方をしなくなったらしい。朝寝をする子に「今は何時だよ。」と時刻を言うのは、叱るのではなく、教えることで、「今起きないと遅刻しますよ。」と言うのも因果関係を教えることである。

母親は、昔は裁いて叱ったが、今は教えるようになったようである。

「お父さんは？」

今度は芳樹から見た父親像をたずねた。

「日曜ぐらいしか話す機会はありませんが、よく働いてくれて感謝しています。日曜にはマラソンに行かないか、と誘ってくれます。父はガンバリ屋です。しかし、話し合っていると、時々、説教じみたところが出てきます。」と、言った。

芳樹は、今では父に対しても、感謝と尊敬の気持ちを持っているが、その話の中でも、父親の、母親とはちがった点がみとめられる。母親は子育てについて学習したため、裁くことと教えることの区別ができているが、父親はまだ、それがあいまいなのである。

芳樹が、父親は説教じみたところがある、というのがその証拠である。

しかし、今の芳樹は、父親に対して感謝と尊敬の念を持っているので、時々父親が説教じみた言い方をしても、反抗せず、父を寛容にゆるしている。

帰り際に母親は、

「大切な時期に来ていただき、ありがとうございます。」と、ていねいに礼をいった。

二十日

程して、母親より電話があった。

「先日はいろいろありがとうございました。

今日も芳樹は朝六時に起き、家を六時半に出かけました。昔のことを思うと、信じられないほどです。今では、何でもよく話してくれます。

すばらしいのです。

いろいろな意味で、先生のおことばは、それを実行してみて、心から真実だと思いました。

先日、先生がいらっしゃって、主人と芳樹に面接していただいてから、二人ともまた変りました。

芳樹は高校へ進学してから一日十時間は勉強しています。

このごろ学校で、大学の進路コースを決めるようにといわれているのですが、書くなら大きく書こう、といって書いて出しました。

子どもに『それではいけない。』と、いうのではなく、『それでよいのだ。』ということがいかに大切であるか、よくわかりました。

私は先生のおことばを全面的に信頼してやってきましたが、本当に先生の言われた通りでした。」

と、近況を知らせてきた。

成績は総合クラス一位という報告の電話

「おかげ様で、一学期が無事にすみました。

この夏休みには、芳樹は富士のふもとの西湖で、一週間楽しんで帰ってきました。

一学期の成績はクラスで総合一位でした。

『よくやったね』と、ほめてやりました。

『一番でなくて、中位でいいのよ。一番にこだわることはないのよ。』とも言っておきました。

家では父親の手伝いを自分からしたり、妹の面倒もよく見るので、主人も、『あいつは変ったね。』と、驚いています。最近は、ジョギングも主人といっしょにやっています。家庭の人間関係はすべてよくなりました。

昔のことが、あの子の生活史の中で、一つのかっこの中に入れられたような感じです。

まず、子どものしてほしいことをできるだけしてやることが、あまい親のように見えるかもしれませんが、大切だということがよくわかりました。」と、喜びをかみしめながら語ってくれた。

そして、母親が言っているように、心配していたことが、今では遠い昔のこととなった。

保母さんはどのようにして
二歳児を立ち直らせたか

旅をすると、その土地の人からいろいろ珍しい話が聞ける。

群馬県を旅行した時、幼児保育に、生きがいをもっているある主任保母が、語ってくれたことである。

「私は長い間、保育の仕事をしていますが、二歳の子を叱ってはだめですね。」

このようなことばから、その話ははじまった。

保育所で、給食にメロンを出す日、皆に配るメロンを、一人一切れずつ準備した。

すると、二歳一ヵ月の男の子が、あっという間に、そのうちの三切れに、口をつけてしまった。

「だめだよ。」と、イライラした眼で、保母がにらみつけた。

普通なら、二歳児でもあることだし、

「だめでしょう。お友だちのがなくなるから。」程度の言い方をするだけだが、ちょうど他のことで、イライラしていたこともあり、きつく叱った。

叱ったあと、すぐ、彼女は感情的だった自分の叱り方を反省して、にこにこして遊んでやり、だっこしたり、添寝もしてやったりした。

このようにして子どもをゆるし、翌日には子どもとの信頼が回復していることを願って帰宅した。

ところが、翌日登園した子どもを見ると、元気がなかった。

「どうしたの。」と、声をかけると、その子は眼をそらし、つき添ってきた母親の背後にかくれた。

不思議に思い、母親に、

「どうしたんでしょう。」と、たずねた。すると母親は、

「朝、家を出てくる時に、『今日は、先生がメェーッするからいや。』と、言っていました。」と、わけを話した。

そこで、保母は、その子を他の保母に頼んで教室へつれていってもらい、その子

のいない所で母親に、

「昨日はこういうことがあり、あの子を叱ったのです。」と、ありのままを話した。

すると、母親は、

「家で、いつも食べ物のことで兄と張り合っていて、兄が食べ物にいくつも口をつけるので、それに対抗するくせが出たのです。すみませんでした。」とわびた。

それを聞いて、保母は、

「今日一日で何とか信頼を回復します。」と、言って、その日も抱いたり、遊んだり、ごきげんをとったりしてみた。（注・これはゆるしを伝えるしぐさである。）ところが、子どもの不安そうな眼差しは一向に消えなかった。

それから四十分ほどしておやつの時間になった。保母はその子の眼の前にすわってみたが、まだおびえた顔で、保母が笑いかけても、不信感は解消しなかった。

その恐怖は、その時点における保母への恐怖ではない。保母の昨日の態度を子どもがゆるさない時に生ずる恐怖である。

人は人に敵意をもつとその人がこわくなる。ゆるすとこわくなくなる。

その時、保母は、昨日自分のとった処置がこれほどまでに二歳児のこの子の心の奥深く傷つけたのか、と思い知らされた。

「きのう、あんなふうに怒ってごめんね。」と、大人にするように謝った。

その瞬間、子どもの顔が急に輝き、しだいに生き生きとした笑顔が出て、保母にじゃれるようになった。

保母の、大人にするような謝り方で子どもが保母にゆるされ、子どもも保母をゆるして、恐怖が去ったのである。

翌日から、その子は再び何事もなかったかのように、笑顔で登園するようになった。人は人を真にゆるすと、はじめてそれを忘れる。忘れようとしても、忘れることができないのは、ゆるさないからである。

癒されない精神的外傷は、やがて無意識の深層に抑圧され、それが無意識に人の行動を支配する、とは精神分析の仮説である。

この事例では保母がすぐに子どもの恐怖を除去して大事にいたらなかったが、そうでなければ、精神分析の仮説によると、成長してから何となく保母や教師というものがきらいになる。このような無意識を意識化し、解放するのが精神分析である。

3　いわれのない誤解から教師のいじめははじまった

――「施設にやるぞ」と脅された中学生

「子どものことで、教えていただきたいのですが。」

受話器の向うで、母親らしい人が、丁重に言った。

「この電話番号がどうしておわかりになりましたか。」

私はまず、問い返した。

私の家には電話が二つあり、鳴ったのは電話帳に載せてない方の電話だったからである。

「先生のお書きになったご本を読んで、出版社へ先生のお電話番号をおたずねしたら、親切に教えてくださったのです。」と、「親切」ということばに力をいれて、その厚意を心から謝して言った。

これらのことで、相談が持ち込まれる経路と、相談者の教養の程度や、求めの真剣さが、ほぼわかる。それによってカウンセラーの対応の仕方も、決まってくるのである。

もうこの時点で、カウンセリングに突入しているわけである。

「それでは、あなたのお名前は？　ご住所は？」とたずねた。紹介者もない、顔の見えない相談者に対して、当然知りたいことである。しかし、このような問いをすると、ごくまれに名前まで言わなければいけませんか、と聞き返す人もある。このことばは、名前を言いたくないほどの事情があるか、もしくはカウンセラーへの信頼度の低さを表す。

だから、このような対話のやりとりも、すでにカウンセリングの一環として行われているわけである。

住所を聞いて、この電話が、新幹線で数時間もかかる遠隔地からかけられていることがはじめてわかった。

「どのようなご相談でしょうか。」

こうしてやっと、本題に入っていった。

「子どもは、学校へ行っていますが、ちょっとしたことで、友だちに暴力を振ったために皆からきらわれ、先生には叱られ、『僕なんか、学校へ行かない方がよいのだろう。明日からは行かない。』と、言うのです。」

こう言いながら母親の感情がだんだん高ぶっていくのが眼に見えるようであった。

「お子さんは、何年生ですか。」

母親の感情を静めるように、ゆっくりした調子でたずねた。

すると、

「中二です。」と、早口に答えた。

「名前は何と言いますか。」

「露木雅弘といいます。」と、言ったあと、

「担任の先生は、『こんなことをするのは、ホルモンの不足か、精神的に異常があるのではないか。』と、言っています。」と、不満げに言った。

「そんなことを言っているのですか。」

強い調子で言ったのは、母親の感情に呼応したためである。

「学校の成績は中位で、英語はまったく苦手です。授業中の態度が悪いらしく、最近では、担任から施設へでも入れてもらったら、とすすめられています。」

その時、母親は、涙声で「施設へでも」ということばを言った。

「でも、家では、よくない事をした時にはちゃんと、謝る子です。あの子は学校で誰も見ていなくても、掃除をきちんとすることもあるそうです。バレー部の先生はすきだ、といつも言っていますが、担任の先生とは仲が悪いのです。」

このように、学校の先生との人間関係を話し、とりわけ担任とのよくない関係をはっきり述べた。

「主人はよくないことをした時だけ、たたきます。中学になってからは、主人と約束した予定を、あの子が一人で変更した時、勝手に変えたといって、ものすごくたたきました。」

予定をなぜ変えたかを聞きもせず、「勝手に変えた」と思いこんでいるところに親の誤解がある。

「今まで私は子どもには、愛の鞭《むち》でたたきながら、『他の人はたたいていけません。ゆるしてやりなさい。』と、言って育ててきました。」

母親はこのように言いながら、子どもをゆるさず罰する一方で、子どもには人に対して寛容であるように、と教えていた矛盾に、その時気づいた様子だった。

リンゴを食べたことのない人に、リンゴの味を説明してわからせることがむずかしいように、ゆるされたことのない子に、ゆるすという「寛容」をわからせることは、むずかしい。

この子が友だちに、ちょっとしたことで暴力を振うということは、ちょっとしたことでも自分がゆるされないで、家庭で暴力を振われるからである。

母親との会話の中で、母親の気持ちを傷つけ、追いつめていることばがあった。担任がこの子の行動を心身の異常ととらえ、学校教育の対象からはずそう、と考えて「施設へでも」と言ったことである。

カウンセリングは、単なる教育とはちがって、常にこのような追いつめられた状況の中でなされる。そして、カウンセラーはその打開のために立ち向わねばならない。

母親はこのように現在抱えている問題と、それに対する家庭や学校の対応を話したが、結局、数日後に両親と子どもに会うことを約束して、長い長距離電話を切った。

面接

面接の日の午前十時、両親と本人の雅弘が車で来訪した。昨夜家を出発、今朝早く着いて仮眠をとってきたということであった。

応接室で挨拶がすむと、両親は席をはずし、雅弘と二人だけで面接することにした。両親がかたわらにいる時の子どもの反応は、一人の時と異なってくるからである。

「今日は遠いところをよく来てくれました。」

私は最初のことばを投げかけた。

このような相談のために、子どもをカウンセラーの所へつれてくるのは、実際には簡単なことではない。

親と子の人間関係に歪みの生じている子らは親の好きな人はきらいなものである。だからカウンセラーも親側の人で、自分の側の人ではないと考える。

それでもこの子は、親といっしょにここへ来たのである。

「お父さんはこわいですか、こわくありませんか。」

まず、父と子の人間関係を探った。

「やさしい時はやさしいけど、こわい時はこわい。たたかれる時は別にこわくないが、親身になって僕のことを注意してくれる時はこわい。」

「いつごろから、たたかれるようになったのですか。」

「小さい時のことは記憶にないけど、大きくなってからだと思う。五、六年生ごろになってたたかれるようになった。」

「どんな時にたたかれるの。」

「人の悪口を言ったり、人をたたいてきた時に。『何でそんなことをする。』と、ひどくはないけど一応たたかれた。」

子どもが正直に理由を言った時にたたけば、子どもは嘘を言うことを覚えてしまう。

「また、悪いことをした時に、お父さんに足で蹴とばされた。一日くらいで痛みはとれたけど。」

と、語気を荒げて不満げに言った。そこで、

「そんなことされたのか。」と、この子の感情に同調して言うと、

「うん。」と、子どもは安心したように言った。

「そういう時に、君はどう思うの。」

「自分のやったことは必ず報いがくると思った。中学になってからは、手は出さないで『まだ、こういうことをするのか。』と口で叱られた。」

このように続けた。そして、

「そのように言われた時に、君はどう思うの。」と、たずねると、

「とても悲しい。」と涙ぐむ。

「そんな時、お母さんはどうしているの。」

「お父さんよりお母さんがよく言う。」

「お母さんはなんて言うの。」

この時、涙を左の手でぬぐい、今にも声をあげて泣きそうになった。

そしてしばらく間をおいて、

「施設へでも入れてもらったら、と言う。」と、顔をゆがめ、泣きくずれてしまった。

母親は、担任から突然言われて衝撃を受けた「施設」ということばを、そのまま雅弘に、自分自身のことばのように向けたのである。

ここへ来る直前、母親は担任から、

「お宅の子は授業が始まっても、教科書もノートも出さずに椅子をわざとガタガタさせて授業を妨害し、教師が注意すると反抗したり、弱い生徒を撲ったり、蹴ったりして荒れるので、とても学校にはおけない。児童相談所へ行って、施設へでも入れてもらうように相談してほしい。」と、言われていた。

「君はお父さんに蹴とばされた時と、お母さんに『施設へでも入れてもらったら。』と言われた時とどちらがいやだった。」と、たずねると、

「施設へ入れてもらえと言われた方。」と、答えた。

「お母さんはどんな顔して言ったの。」

「……泣きながら。」

雅弘はさらに激しく泣き出した。

雅弘は、自分だけが悩んでいると思っているらしいが、母親は担任から追いつめられて泣いていたのである。施設収容へと追いつめられている母親の恐怖がそのまま子どもに移っているのだ。
また、施設についていくらか誤解を抱いているところもわかる。それはこの担任教師にも言えるこ

とであるが。

「君は、お母さんがやさしい方がよいのか、こわい方がよいのか。」と、たずねると、

「こわい方がよい。」

意外な返事をした。

「なぜ？」

「なぜ、と言われてもわからんけど、僕に一番はっきりしたことを言ってくれるから。」

「お母さんは、君にいつもどんなことを言うの。」

「やっていいこと、悪いこと、それに僕のあやまちを的確に言う。」

「君は、今までどんなあやまちをしてきたの。」

「ええっと……。」

雅弘はしばらく考えた後、

「友だちをいじめたり、ののしったり、先生がやれと言われたことをやらなかったり。」と、答えた。

「たとえばどんなこと？」

「給食当番の時、友だちと話していて、給食のおわんに盛りつけるしごとをやらなかった時。」

「そんな時、先生が怒るの。」

「そういうことがいろいろ続くと、授業中に授業を受けさせてくれなくて、廊下で一時間くらい正

座させられる。」

この時、「正座を命じてその通り正座するような子は、それほど困った子ではありませんよ。もっとすごい子もいます。」という、ある教師のことばを思い出した。

「その先生は男の先生。音楽の先生で、『音階を書け。』と言われて僕が書かなかったら、『お前は給食の時もおしゃべりをしていたし、音階を書け、と言っても書かない。教室を出て、その廊下ですわっていろ。』と、怒られて一時間廊下で正座させられた。

ほんとうは、その前の時間に、ノートを普通教室に忘れてきたから書けなかっただけで、忘れてきたとは先生に言わなかった。」

このように、冷静に状況を説明した。

書けないのを書かない、と教師は誤解している。そして、誤解の上に立って厳しい制裁をしていることがわかる。行動の解釈の誤りである。

「忘れてきた、というような大切なことを、なぜ言わなかったの。」と、聞くと、

「言うひまがなかった。先生は『なぜ書かない。廊下に正座しろ。そうしないとしめしがつかない。』と、皆の前で大きな声で言った。」と、残念そうに答えた。

教師はその子の行動を自分に対するつっぱりである、と解釈して激怒し、「しめしをつける」という理由でこのような制裁をしたのである。

このことは、一つのつっぱり事件として職員会の席で報告され、カウンセラー兼務という担任は、母親にすぐそれを知らせたことが、後になってわかった。

学校と家庭との緊密な連絡、という名目のもとに。

このことは、この子にとって大きなできごとになった。一挙に学校生活を楽しくないものに変えたにちがいない。

と言って、教師も責められない。原因は教師の誤解であり、誤解されやすい状況がそこに存在したからである。

教師が、このことをほんとうに理解すれば、この子に手をついて謝るかも知れない、と思った。

今、ここで、この子が誰にも聞いてもらえなかった胸の奥底にある不満を、このように吐き出したことは、この子にとって一生を左右する大きなできごとである。

そして、この時、この子の表情はやすらぎに満ち、何者をもおそれないような落ちつきを見せたのである。ゆえなく裁かれ、責められていたことが、ゆるされたからである。

ここで話題を少し変え、

「学校で一番きらいな先生は？」と、たずねると、意外な答えが返ってきた。

「全員すき。ちょっと厳しい先生もいるけど、厳しくてもすき。」

「なぜ。」

「厳しくても、ものわかりがいいから。」

「ものわかりがいい、とはどんなことをいうの？」

「僕がまじめにやった時にはほめてくれる。」

「どんな時にまじめになるの。」

「皆が教室でさわいでいる時に、さわがないように静かにさせたり、まじめに先生の質問に答えた時に、『よくやった。やればできるね。』と、言ってほめてくれる。」

人は、ゆるさなければほめられない。この先生は厳しく叱りはするが、叱りっぱなしではなく、そのあとからゆるすことやほめることを忘れずにする先生であることがわかった。

「露木君、今日はほんとうによく話してくれました。」

私がそう言って面接を終ろうとすると、

「僕は知らない人には話せない方です。」と、言った。

「それなのに、今日はよく話してくれたね。」と、ほめると、

「僕は、今日は何でも話そうと思って来たから。」と言って、右手で顔の涙をふいた。繊細な感受性の持ち主である。

「お母さんは、どう言って君をつれてきたのですか。」

「最初に、お母さんから言われた時は、行きたくない、と言っていた。」

「それなのに、どうして来る気になったの。」

「その次の日に、学校のクラブの女の子が、『露木君にはやさしい、いいところがある。ただ、力で人の心を変えようとするところだけがいけない。それを直せば、人にすかれる。』と、言ってくれたので、僕の性格も直るかしら、と思って名古屋の先生の所へついて来た。」と、言った。

かしこくやさしい女生徒のひとことが、この子の気持ちを変えたのである。

この女生徒が、皆のきらっているこの子に接近して、この子の長所をみとめ、あなたはやさしい、とほめたことは、この子のすべてをゆるしたことになる。そしてこの子をゆるしたあとで、訓戒を与えていることは、まことにみごとというほかはない。

もし、このカウンセリングが実りあるものとなった場合は、その感謝の半分以上は、この女の子に捧げられるべきであろうと思った。

このように思いながら、

「今日はよく来てくれたね。君は、君をよく知っているその女の子の言うように、やさしい、おもいやりのある子だと思う。もともとよい子なんだ。」と、言った。

このように言ったのは、この子が他から裁かれ、責められているのをゆるすためである。

「来てよかった。すっきりした。」

この時、雅弘は、晴々として言った。

今まで

席をはずしていた両親が、あらかじめ決められた時間通りに入って来た。

席に着くのを待って、先ほどからの子どもとの会話の記録を父親に渡した。親の知らない所で、どのような会話がなされたのか、それを知ってもらいたかったからである。

父親はそれを読むと、一枚ずつ隣にいる母親に黙って渡していった。

母親は全部読み終ると、つと雅弘を振り向き、

「ごめんね。」と、震える声でひとこと謝った。雅弘の頬から涙がつたわるのが見えた。

ゆるされたものの流す安らぎの涙である。

親子

そろって、車で帰宅した翌日、母親から電話があった。

「昨日はありがとうございました。

あの子も、家では気をつかうようになって、私たちにやさしくなりました。顔つきも、おだやかになりました。帰路の車の中も、今までにないなごやかな雰囲気で帰宅できました。

ありがとうございました。

今朝、あの子が登校する時、私が門で見送ると、あとを振り返り、振り返り登校しました。

このようなことは、今までありません。

ありがとうございました。」

一ヵ月後にも次のような電話があった。

「昨日、担任の先生がお訪ねくださって、子どもと話し合い、あとで私たちとも話しましたら、指導の自信がついたから私のやり方にまかせてください、とおっしゃってお帰りになりました。」

学校での詳細はわからないが、担任は今まで主張していた施設収容の意見を撤回したらしい。

三ヵ月後の母親からの来信

雅弘のことでたいへんお世話になり、心から感謝申し上げます。雅弘は、家庭においては、とても変えられ、明るくなりました。

今日も主人と将棋を楽しそうにしておりました。主人も変り、そのことによって雅弘も変り、今、家庭という歯車がうまくかみ合うことができるようになって、お互いが愛を感じとっています。

しかし、それは嬉しいことですが、今朝の学校からの電話によると、学校カウンセラーをしている担任の先生には、まだ、心を閉ざして話をしないそうです。

担任の先生はご熱心で、一生懸命になってくださるのですが、まだ雅弘には困ってみえるところがあるようです。

何分、朝の短い時間の電話でしたので、充分話し合いもできず、情なくて涙が出てきました。私は職場の空いた部屋の片隅で、さんざん泣いて祈りました。

祈っている時、みこころのままにおゆだねする気持ちが起り、その時やっと心の中に平安がもどってきました。

そして、今まで、担任の先生のやりかたに不満を持っていましたが、先生のお気持ちを察することができ、お体の弱い先生のためにも、お祈りすることができました。

先生、長々と書きましたが、雅弘は今までとくらべると学校でもだんだん変り、よくなっているのです。

以前は授業中、ふらふらっと出て行ったこともあったそうですが、今はそのようなことはなくなったそうです。

先生は、家庭で変えられてゆけば、学校でも変えられる、と言ってくださいましたですね。私は先生のおことばを信じて、学校でも変えられることを気長に待っております。

今、中学二年ですので、親としては、今のうちに向学心に燃えてくれたら、と思うのです。もっと熱心に勉強するように、という学校の先生のことばに刺激されて、つい私も教育ママのように、「勉強しなさい。」と、のどもとまで出かかりますが、我慢しています。

どうぞこれからもご指導をお願い申し上げます。


この手紙を読むと、家庭では勉学の問題を除けば、心配はなくなっているようであるが、担任にはまだ心を閉ざし、担任の方も好ましくない生徒という見方を変えていないらしい。

それから二ヵ月たって、私はその地方でたまたま、教育講演をすることになった。

そこで、少し気がかりになっていたこの子のために、この子の担任教諭に会ってみようと考えた。

しかし、それは両親から依頼があったわけでもなく、学校側からの積極的な要請でもなかった。このような状況で、担任に面接することは、公的機関のケースワーカーとしては決してめずらしいことではないが、今の私の立場としては、きわめてまれなことである。

ただ、子どもの幸せを願う一念で思いたったことである。

当日　公会堂での講演が終った後、講演会の主催者A氏の案内で学校を訪問した。A氏が学校側に連絡をとってくれていたので、応接室で、校長と担任が待っていた。
挨拶がすむと、校長は、雅弘の歩調のとりかたに特徴があるのでよく知っている、と言い、身振りを入れてそのまねをして、おもしろおかしく話した。そのあと、カウンセラー主任である担任教諭にまかせて席をはずした。

担任教諭は、準備していた指導記録を開いて、雅弘の指導経過をまず説明した。

「一年の時は、授業中、椅子をガタガタさせて、いたずらをし、注意すると、虚勢を張って、『死ぬ、火をつける。』と、反抗。

弱い者を撲ったり、蹴ったりしたことが二回。

その時、母親を呼んで、学年全体の教諭と話し合ったが、どう指導したらよいのか方法がわからなかった。」

「二年の四月担任が交替。

露木は、担任を『先公』と呼び、掃除当番をせず、窓ふきをしている生徒を足蹴りにした。この直後、学校教育の対象とする子ではない、と考え、親を呼んで、児童相談所へ行って施設に収容してもらうようにしてほしい、とすすめた。

しかし、母親はその場でそれを拒んだ。」

「四月八日

母親から露木の欠席を連絡。

理由をたずねると、母親は切り口上で答えた。」

このように、指導記録に記してあるのを担任はそのまま読みあげた。

四月の初め、母親は、担任から「施設への収容を」というすすめを受け、その時は拒んだらしいが、家へ帰って子どもに泣きながら、「施設へでも入れてもらったら。」と言ったことが、ここではじめてわかった。

こうしたことがあって、追いつめられた母親は、その翌日早朝、名古屋の私のところへ電話をかけてきたわけである。

「四月十一日　級友を撲った。」

「四月十二日　欠席（注・名古屋へ両親と相談に行ったため。）」

「四月十六日

つり上った眼つきがなくなり、素直でおとなしくなった。（注・名古屋でカウンセリングを受けた効果。）

しかし、これがどれだけ長もちするのか。」

どのようにして、けわしかった顔がおだやかになり、ことごとく反抗していた子が、素直になったかを知らない担任が、最後の一文のような疑問をもったのも無理はない。

「五月十八日
落ちついた生活をしている。」
「九月十一日
四ヵ月目立たない生活が続いている。
だが、担任には心からうちとけて話さない。」

担任兼カウンセラー主任である教諭は、指導記録を読みながら、このように経過を話した。露木雅弘が、両親とともに名古屋へ来てから約五ヵ月の経過である。

今、いくらかの問題になっているのは、担任に反抗はしなくなったが、うちとけて話をしない、という一点であるらしい。その点から言えば、この子は担任として手放しで喜ぶことのできる状態にはなっていない。

担任は、この子の過去の行為を忘れず、おとなしくなったことを、いつまで続くやら、と眺めていることがわかる。

人は、ゆるすと過去を忘れる。それゆえゆるすことを「水に流す」と言う。子どもが素直になったことをほめることは、子どもの過去をゆるすことである。

担任が、何か助言を望んでいる様子も見られたので、ひとこと言っておくことにした。

「子ども

をほめるということは、子どもの優越感を満たすということで、それは愛となります。こうしたことは、一般的に考えられてきましたが、ほめるということは、単にそれだけの意味ではありません。

子どもの過去の行為をゆるしたことの表現にもなるのです。ゆるされたその時、人は深い愛を体験します。

しかし、ゆるす理由を発見して、ゆるさないことにはほめられません。それはあたかも、水道の蛇口を止めないで、水の出るのを止めるのに似ています。

真にゆるすと、ゆるされた人は、その人に感謝し、そのしるしとして心を開いて語ることができるようになります。」

この時、担任の先生の顔がパッと明るく輝いて見えた。

「もし人の罪を赦すなら、あなたがたの天の父もあなたがたを赦してくださいます。」(『新約聖書』マタイ六・一四)

帰る時、担任は丁重に感謝のことばを述べ、玄関に立って見送ってくれた。振り返ると、車が遠く見えなくなるまで、頭を深々と下げているのが見えた。

正月に、母親からの手紙を受け取った。

先生への年賀は紙面に書きつくせない思いが致し、今、静かな元旦の夜、しみじみと先生の御厚情を感謝致しペンを走らせております。

今、こうして、静かに平安と喜びに満された元旦を迎えることができましたのも、すべて先生のおかげと心から感謝致しております。

去年の春、先生に救いを求めて名古屋まで出かけた時、神様はみことば通りに先生を通して大いなる憐みをかけてくださいまして、私たちの家族を絶望から救ってくださいました。

何とすばらしい神様の御愛なのでしょう。

先生がわかりやすく愛について話してくださいましたおかげで、今まで、私はまちがった愛し方をしていたのだということがわかりました。

それがわかりますと、わが子ばかりでなく、隣人をも知らず知らずの間に愛していくことができるようになりました。

私も変りましたが、雅弘もすっかり変りました。身体は大きいのですが、小さな子のように素直に私にあまえております。

彼はバレー部に入っておりますが、一年生の後輩からやさしいお兄さんで通っているようです。

姉も、雅弘はバレー部で一番やさしいのではないか、と言っております。この間、山の方へ強化合宿に行きましたが、一人の友だちが倒れた時、雅弘があれこれと介抱していたそうですし、また、私が暮に風邪をひいて寝ておりましたら、お布団をかけ、自分の部屋のストーブを持って来てくれました。

先生が、「彼はこれからどんどんよい方へ向っていくよ。」と言われたおことばを信じて今日まで来ましたが、まったく先生がおっしゃった通りに変ってきておりますこと、本当に感謝です。

雅弘が変りましたことは、学校の先生も不思議に思っておられるようです。

担任の先生は、伊藤先生にお会いになってから、全然、雅弘について苦情のお電話をくださらないようになりました。

先日、担任の先生にお会いした時、「お母さんも変えられ、あの子も変り、何も連絡することがなくなったのだ。」と言ってくださいました。（注・親は、子どものよくないことだけでなく、よいことも連絡してほしいものである。）

私は今、担任の先生が、雅弘を困った子であると連絡してくださったから、伊藤先生にもお会いできるようになったのだし、それによって愛するということの意味の取りちがいを気づかせていただけるようになったので、担任の先生に感謝しています。（注・母親は今ではすべてのことが有益であったと感謝できるようになっている。）

雅弘は二学期の期末テストでもがんばり、こんなにがんばって勉強しているのを見たのははじめてです。とても嬉しい思いでいっぱいでした。

成績も、本人が自信がある、と言っていた通りによくなり、とりわけ社会や理科ではとてもよい成績をあげました。

勉強も大切ですが、私共は、どちらかというと人柄を重んじておりますので、ありがたく思っています。

どうか、これからもよろしくご指導をお願いします。

翌々年

の三月、母親から電話があり、

「おかげ様で希望の県立高校に合格しました。」と、報告してくれた。

同じ年の八月十五日に母親から手紙が来た。

ひと雨ごとに涼しくなってまいりましたが、日中はまだ三十度を越える毎日が続いております。

名古屋の夏も大変暑いとうかがっておりますが、いかがお過しでしょうか。残暑お見舞い申し上げます。

大変ごぶさたしておりますことをお許し下さいませ。早く近況報告をと思いながら、今日にいたりましたことをおわび申し上げます。

おかげ様で、先生が確信をもって「この子は必ずいい子になる。」と、言ってくださったように、最近は人に自慢できる程のよい子になりました。私がこうしてほしい、と言うと、素直によく聞いてくれます。

もとは、何か言うのがこわくて、話し合いのできない親子でした。

こうなったのも、すべて先生に教えていただいたおかげです。

雅弘はたいへんやさしい子で、私が熱を出すと、頭を冷してくれ、横になれば枕を持ってきてくれたり、肩をもんでくれたりします。

また、私の好きなテレビ番組を覚えていてくれて、チャンネルを回して、私にそれを知らせてくれたりします。

時々、問題をもった子どもさんの話を耳にしますが、そんな時、私は子どもの側に立って考えます。親の側に必ず問題があるということは、私自身経験してわかったことです。

そのことも、すべて先生に教えていただいたものです。

しかし、その時には、充分には理解できませんでしたが、今、ようやく先生の言われたことがはっきりわかってきました。

でも、おかげ様で雅弘も立ち直り、家族の中が楽しくなりました。

まだまだ暑さ厳しき折柄どうぞ御自愛下さいませ。

かしこ

たった三分のカウンセリング

これは、もと埼玉県の中学の教諭をしていたという主婦から聞いたことである。

彼女が三十七、八歳で、ある中学へ転任したばかりのころ、ちょっとよくない中一男子生徒を、「今日用事があるから職員室へ来るように。」と呼んだ。彼女は知らなかったが、その子は以前職員室で、教師にこづかれていた子らしい。

子どもは、文句を言うなら言ってみろ、と言わんばかりの態度で入ってきた。

彼女は、どうせ呼んでも来ないだろう、と思っていたのに来たので、むしろ意外な思いだった。ここへ来た理由を改めて聞くと、ちょっとその子が言いわけをした。そこで、

「わかりました。」と、言って、その子を両手でかかえこむようにして、抱きしめ、

「よく来たね。」と、ほめた。

それ以来、皆が手をやいていたその子の問題行動は完全になくなったという。

彼女は、喜びの感情が高ぶるのを抑えるようにして、二十年も前のことを昨日のことのように、新鮮な情熱をもって話した。

かたわらには彼女の夫もいた。元大学教授で、カント哲学の研究で知られている人であるが、この話を、はじめて聞いたらしく、いたく感動していた。

私も深く心打たれて、しばらく言うことばがなかった。

この元教諭は、その子が呼び出しに応じて職員室へ来たというたったそれだけの理由で、その子をゆるし、その気持ちをこのようなしぐさとことばで、この子に伝えたのである。

ゆるすには、ゆるす理由がいるが、人をゆるそうとする意志があれば、それを見つけることができるようになる。

それとは逆に、ゆるす理由が先に出てくると、ゆるしやすくなる。

カウンセリングでは、このゆるす理由を発見して、相談に来た人をゆるして、その人が他の人をゆるせるように援助する。

このようにゆるすことを、「寛容」とも言うが、人は「愛」とも呼ぶ。

4 女子中学生のカウンセラー

――挫折の体験を乗りこえて

「いわれのない誤解から教師のいじめははじまった」という本書の事例の中で、私は、女子中学生の行ったみごとなカウンセリングの例を紹介した。

クラス担任が指導に苦労している男子中学生に同じクラブの女の子が、ひとこと助言を与えただけで、その子が反省し、それをきっかけに行動を変えた、という事例である。

私が、これを単なる助言と言わずに、あえて「カウンセリング」と呼ぶ理由は、助言の方法がカウンセリングの大切な原理をみごとにふまえているからである。

まず、男子中学生の行動を批判せず、ゆるしてから、その子の誤りをきちんと指摘して、次に訓戒を試みている。

つまり、相手の行動をゆるしてから助言をしており、短いことばではあるが、一種のカウンセリングであることはまちがいない。だからこそ、その男子中学生は強く心を打たれて反省し、自分の行動を変えることができたのである。

そして、次に紹介する女子中学生も、同級生や下級生を相手にゆるしを与えるカウンセリングを行い、自らもまた立派に成長をとげているのである。

三月

の下旬、一通の封書が届いた。

差出人は、半年余前に、母と子で、相談に来たことのある片山佐智の母親である。

長い間ごぶさたしていましたが、先生にはお変りなくお過しでしょうか。

あれから夏休みに、私共一家は表記に転居いたしまして、今では、こちらの地に、子どもたちは、すっかりとけ込んでおります。

先生のご指導のおかげで娘もすっかり立ち直り、中学を無事卒業いたしまして、都立高校へ入学することができました。

あの時、先生にお目にかかることができなければ、今の私共はございませんでした。ほんとうにほんとうにありがとうございました。

半年前の悲しみがうそのように幸せでございます。

あれからみるみる良い娘になってきたようです。学校でもやさしいお友だちにかこまれて、とても楽しそうになりまして、卒業のころには二年生や、同じクラスの悩んでいるお友だちの相談にのったりして、「私、カウンセラーになろうかしら。」などと言うようになり、ちょっと、生徒たちの間ではお姉さん的存在でいたようです。

長い冬が終り、春の萌しがそこここに感じられる今日このごろ、私共にもやっと春が来たように思われます。

今までの失敗や苦しみを良い教訓として娘共々、力強く生きてゆく覚悟でございます。そして苦しんでいる人たちに、少しでもお役に立てるようになれたら、と思っております。

なお、私の実家（青森）よりリンゴをお送りいたしましたので、どうぞめしあがってください。

こちらに、おいでの節は、ぜひお立ち寄りくださいますように、娘とお待ちいたしております。

お目にかかれる日を楽しみにしています。

末筆ながらお体を御自愛くださいますようにお祈り申し上げます。

かしこ

三月

下旬、たまたまその近くまで行くことになったので、ついでに立ち寄ることにした。

駅から歩いて五分のところを背の高い佐智は出迎えてくれた。静かな住宅街を通って家に着き、部屋に通されると、待っていた母親の手で飲みものが運ばれてきた。

机を隔てて佐智が正面に、母親が横にすわると、すぐ話をはじめた。

「合格おめでとう。

お母さんのお手紙によれば、よく勉強したそうですね。それに悩みのあるクラスの子や下級生の相談にものっているそうだね。」

「ありがとうございます。どういうわけか、みんなから相談をもちかけられるのです。去年の夏、名古屋へ相談に行ってから、両親と相談して、環境を変えるためにこちらへ転居してきました。」

佐智は、落ちついた、もの静かな態度で話した。

「学校は休まずに行きました。転校してからしばらくすると、同級生からも、下級生からも相談を受けるようになったのです。」

「どんな相談ですか。」

「友だちとうまくいかない、とか、先輩からのいじめとか、ボーイフレンドのこととか。」

「みんな人間関係で悩んでいる人たちですね。」

「そうです。人間関係の悩みが多いです。

どれも深刻だけど、ボーイフレンドのことが、一番深刻です。」と言って、ちょっと緊張した表情になった。

いったい、この子がそのような深刻な問題をどのように処理するのか、私は大変興味を持った。また、この子をもっと理解できるという関心もあって、

「深刻な実際の例は。」と、さらにたずねた。すると、

「やっぱり、ボーイフレンドに遊ばれちゃってるんじゃないか、とか、そういう例。」と、慎重に言った。

「どういうふうに相談をもちかけられましたか。」

「彼からこう言われたのだけれど、彼はどういうつもりだろうか、という感じで相談をもちかけられました。」

「なるほど。その子は彼にどういうことを言われた、と言ったのですか。」

「つきあっている上級生の男の子から、下級生の別の女の子がかわいいから紹介してくれないか、と言われて、なぜか『わかった。』と言ってその子を紹介してしまったのです。

それから、その二人は交際していたようですが、紹介した方の女の子が、悩んでいる、と言ってきたのです。」

「そこで、あなたはどう言ってあげたのですか。」

「私は、その時、『片方の言うことだけ聞くと、話がまちがっていくことが多いよ。』と言ってあげました。

それから、その女の子といっしょに、男の子の家へ行って、話し合うことにしました。すると、そのご両親も出てきたので、同席してもらって、『あなたはこの子とつきあっていたのに、どうして他の女の子を紹介してくれ、なんて言ったのですか。』と聞いてやりました。

すると、その男の子が、『お前だって僕の前で、ほかの男の子を指さして、あの子はかっこいい、とか言わなかったか。』と、その女の子をなじりました。

『お前の方も不愉快なことを言ったんだぞ。』とも言いました。

その時、女の子は、もう黙ってしまって何も言えませんでした。

そこで、わたしがその男の子に、『あなたが、下級生の女の子をかわいいから紹介しろ、と言ったから、この子が売りことばに買いことばのように、あの男の子がかっこいい、と言い返したのよ。この子もそんなことを言ったんだから悪いけれど、それはくやしくて、つい、心にもないことを言ったのよ。』と、とりなしてあげました。

すると、今度は男の子の方が黙ってしまい、そばにすわっていた男の子のご両親も、『それはお前が悪い。』と、言いました。

男の子はうなずいて、そのあと、女の子に謝りました。
その後、その女の子とは、話す機会がなくて、二人がどうなったかは、わかりません。
男の子は、高校三年生くらいでした。女の子の方は今年三月中学を卒業して就職したようです。
女の子は私に相談しやすかったのだと思います。」

相談は

どのような状況の時に、当人がどう言ったのか、どうしたのか、を考えないと判断を誤るが、この子はそれを明確に理解している。

そればかりではない。双方に対して、弁護し、双方を責めずにゆるしている点で、まことにみごとなカウンセリングになっている。

だからこそ、三年も年長の男の子が最後には謝ったのである。そこに立ち会った両親もこの若いカウンセラーに頭を下げただろう。その様子が目に浮ぶ。

さらに感心することは、この若きカウンセラーが、この相談に対して、深い共感はしているが、当事者の悩みの中には埋没していないことである。

この子にクラスの子たちが相談しやすかった理由は、真面目な勉強家で、学業も優れていたから、というだけではない。それよりも、人の痛みがわかるおもいやりと、人を責めずにゆるすことを知っていたからである。

それが、同級生や下級生にもわかっていたからである。

こう思いながら、さらにたずねた。

「あなたの相談は立派だと思いますが、あなたが、昔はわからなくて、今はよくわかるようになった、ということは、どんなことですか。」

「悩んでいる人に、何を言ってあげれば、その人の気が楽になるかということが、わかるようになりました。」

「なるほど。」

「一人一人が幸せになったり、嬉しくなったりするのも、その反対に、不幸になるのも、まわりの人のことばしだい、ということが、わかるようになりました。」

「ほんとうにその通りです。ある時、ある場所での誰かの言ったひとことが、人の心を左右するものです。

とても大切なことが、わかったようですが、それは、どんな時にわかりましたか。」

「友だちが相談に来た時に、その人は、どういうことを言ってほしいのか、考えました。そして、それはまず、気を楽にしてあげることだ、とわかりました。」

「なるほど。」

「すると、相談に来た友だちが、『そんなふうに言ってくれるのは、片山さんだけだよ、ありがとう。』

と、感謝してくれました。

「すばらしいことがわかりましたね。」

私は共感した。

「気を楽にしてあげるポイントは何だと思いますか。」

「相手を責めるのではなく、『それはこういう状態だったのだから仕方がなかったんだよ。あなた一人の責任じゃない。そんなに悩むことないよ。』と言ってあげることです。」

このように、相手をゆるす理由を見つけて、ゆるすことだ、とズバリ言うのである。ゆるしの愛を与えることを見つけたのである。

人は親切の愛と、このゆるしの愛の両方を求めている。これが、この若き、一少女カウンセラーにはわかっていたのである。

「このよう

な大切なことが、どうしてわかりましたか。」

「自分が悩んでいて、人から責められていた時、その時は言ってもらえなかったけれど、『こういうふうに言ってくれたら、気が楽になるのにな。』とは思っていました。

人が誰かに相談するということは、気が楽になるためだし、自分の立場がわかってほしいからなのです。

それがわかったのは、私のことで、母が悩んで、伊藤先生の所へ私をつれて相談に行った時です。先生が母に、気が楽になるようなことを言ってみえたのを見ていたからです。その時にわかったのです。」

これは、母も気が楽になって、重荷をおろしたが、自分もまた、楽になれたのだ、と感謝して言ったのである。

その時、今まで黙って聞いていた母親が、

「私はこの子のことで、周りから責められて、姉たちからも、『お前の育て方が悪いから、こんなだらしない子になった。』などと、言われていました。それでなくても自分で自分を責めている時に、追いうちをかけてくるように、周りからいろいろ言われるので、すっかり落ちこみ、自信喪失していたのです。」と、当時を思い浮べて言った。

すると、また佐智が、

「叔母たちも、母のためを思って、善意で言っていたとは思うけれど、そういう善意は決して人を助けることにはならないとわかったのです。」と、言った。

「その通りですよ。」と答えると、

「それまでも、こういうふうに言ってくれれば、気が楽になるのにとは思っていました。ですから、実際、先生がそれを母にして、母が楽になるのを見ていたら、私もゆるされ、楽になりました。私の家は今は天国です。」と、言って涙ぐんだ。

その時、母親が、

「この子は自分の苦しみと、母の苦しみを二重に背負っていたのです。それが、先生の所へ行って、解放されました。」と喜びを表した。

「『すべて疲れた人、重荷を負っている人はわたしのところへ来なさい。わたしがあなたを休ませてあげます。』と、マタイ十一・二八に書いてあります。」と、有名な聖書のことばを引用すると、佐智が、

「小さいころ、私は日曜学校へ行っていましたが、『神様が見ている』と、言う時、裁いて責める神様を見ていました。私は今まで、私をゆるして楽にしてくださる神様がわからなかった。」と、すべての栄光を主に帰して言った。

母親が、

「この子は、今は、周りの状況に流されるのではなくて、自分の意志で何でもやるようになりました。勉強もよくやるようになり、国語が特によくできて、入学試験も満点に近かったのです。英語もできました。」と、娘の努力をほめた。

佐智はこの時、思い出したように、

「私は、人にはこう思いますよ、とは言えますが、人の考えを、それはまちがっていますよ、とは言

えません。」と、言ったので、

「私もその通りだと思います。」と、答えた。

すると、

「私は自分自身のことだと、人に裁かれているな、とよくわかりますが、他人のことになると、やさしい言い方ができなくて、つい、その人を裁くような言い方になるのです。」と、反省して言った。

このことばも、自分が深く見えるようになったことを物語っている。

「今日、私と会ってどうでしたか。」と、たずねると、

「よかったです。」と嬉しそうに答えた。

「どういう意味で。」

「今まで一人で考えていたことが、まちがっていなかった、とわかって。」

この時、少し前に帰宅した父親が、挨拶に出て、丁重に礼を述べ、自分のしている芸術の仕事について話した。

そのあと、佐智は、駅まで送ってくれたが、その顔は明るく美しく見えた。

その時、父の後ろ姿に後光がさした

私が家庭裁判所で調査官をしていた時のことである。かなり古いことなので、当時のことは、ほとんど忘れてしまったが、そのことだけは、今でも新鮮な記憶として出てくるのである。

場面は家裁の調査官室。

窃盗保護事件の少年の父親が、裁判所の呼び出しに応じて、指定の時間に出頭した。

少年には少年院収容の前歴があり、その時は少年鑑別所に保護されていた。

戸をあけて入って来た父親は、挨拶もせずに部屋のまん中でつっ立っていた。

普通なら挨拶をするところである。緊張している様子は見られるが、酒気を帯びた赤い顔である。

一杯飲んで来たな、とすぐわかった。

やがて、

「中須弘の父だが、あんなやつは、少年院なり、刑務所なりどこへでもぶち込んでくれ。」と、強い調子で言い放った。

これを言うためにわざわざ酒を飲んで来たらしい。

「あなたに頼まれなくても、裁判所が収容相当と認めれば、お子さんは収容します。昨日、私が弘君に会った時、『君は離婚したお母さんとお父さんと、どちらが好きか。』と、聞いたら、『そんなことわかりきっている。乳飲み子を置いて逃げて行ったような母親なんかどうして好きなもんか。弟のおしめを洗い、乳を飲ませてくれて、僕たちを育ててくれたお父さんの方が好きに決まっている。お父さんは今はお酒をよく飲むようになった。いくら飲んでもよいけど、茶碗をぶつけたり、おひつをぶつけたりしないでほしい。』と泣いていましたよ。」

私がこう言った時、父親の顔色がみるみる変り、涙をぽとぽと流していきなり床に伏して手をついた。そして、

「先ほど言ったことばを、取り消していただけませんでしょうか。

私は勘違いをしていた。あの子は逃げた母親を慕って、私にないしょで逢いに行っているとばかり思っていたので、酒を飲んでは母親の身代りにあの子をいじめていました。」と、泣きながら言った。

母親に対する感情の転移で、この子に当っていたのである。

もうそのころは、父親の酔いはすっかりさめており、繰り返し、

「前のことばを取り消してほしい。」と、涙ながらに床に手をつき頭を下げていた。

そして、

「被害者に対する弁償は、みんないたします。今日すぐして来ます。あすは鑑別所へ面会にも行ってきます。」と、言った。

それから三日たって、私は少年に二度目の面接を少年鑑別所で行った。

「お父さんには会いましたか。」と、たずねると、

「昨日、遠い所から暑い中を、自転車に乗って面会に来てくれました。たった三分間の面会でしたが、この十六年間見たことのないやさしいお父さんでした。」と、言って涙ぐんだ。

「それはよかった。お父さんは、どう言いましたか。」

「『被害者への弁償は全部してやったでな。おかみがゆるしてくれる日が来たら、帰ってこいよ。待っているでな。』と、言ってくれた。」

少年はふるえる声でそう言いながら右の手で涙をぬぐっていた。

「それだけ言って、お父さんは帰って行ったけど、帰る時、後ろ姿に後光がさして見えた。」と、不思議な体験を語った。

少年の眼にはそう見えたのである。

父親が、この子に、「待っているでな。」と言ったことばは、この子の存在を喜び、すべての罪をゆるしたしるしである。この子も言っているように、このようなことは、今までなかったことである。

貧しい中から犠牲を払って、被害者に対する弁償もしてくれていたのである。

この少年が、父親の後ろ姿に後光がさしているのを見たのは、父親からゆるされた愛を体験し、暗い心が明るくなったためである。

そのまばゆいような明るさが、父親の後ろ姿に鏡にうつるように投影されたものである。

それを、この子は見たのである。

いずれにしても、そのまばゆい明るさは、父親がこの子に与えたものであることにはまちがいない。

このように言ったあと、少年はしばらく沈黙し、やがて思い出したようにつけ加えた。

「前回、盗みを何件もやって、審判で少年院へ送られることが決まった時は腹が立って、鑑別所の個室で壁を蹴って暴れ、収容された後の脱走を考えたり、できるなら護送車から降りる時、脱走したいなどと考えたりしていたのです。

結局、うまく逃げられなくて、少年院でのつとめをしてきましたが、出てくるとたった一ヵ月でまたやったのです。

だけど、今度は前とはちがいます。とても不思議です」と、自分でも自分の変りように驚いたのか興奮して語り続けた。

「昨夜は鑑別所の中で一睡もしませんでした。一人で静かに自分のやってきたことを考え、その罪の深さに驚いていました。

まだ警察に話していないこともあってそれを一つ一つ思い出していたのです。そして私ほど罪深い者はないとわかったのです。」

こう言って、また涙ぐみ、

「私が少年院なり刑務所へ行くのは当然です。どんな処分でも受けて、罪の償いをしてきます。行ったら真面目にやって、他の人の模範になるようにやってきます。」

と、晴々とした明るい顔で言った。

このように、前回とまったくちがう自分を発見して、少年はそれを不思議だと言ったのである。

父親がこの少年に、「待っているでな。」と、言ったことばは、限りなくこの子をゆるしていることを告げている愛である。

その安らぎの中に身を置きながら、少年はあるがままの自分を発見し、何物にも恐れずにいられるのである。

数日後なされた審判で、少年は在宅保護の決定となり、家庭に帰ることになった。

まことに治療は愛しかない。

「愛とは、おしみなく与えること、限りなくゆるすことである。親切と寛容である。」(エペソ書四・三二)

5

誤解が生んだ少女の登校拒否

――揺れ動く思春期の心

「子どもが

登校拒否をしているのです。」

向い合って腰かけた母親が、最初にひとことこう言って黙った。

ある講演会がすんだあと、会場の片隅で、主催者の紹介によって相談に応じた時のことである。

「子どもさんに学校へ行ってほしいのですね。」

母親は黙ってうなずいていたが、やがて一気に語った。

「娘は橋本由紀と申します。おそく生れたひとりっ子の女の子で、今、高校一年生です。過干渉で、溺愛しましたので、自立心がなく、依存心も強いのです。反抗期にもそれらしい反抗がなく過ぎてきました。」

どこかの育児書にでも出てきそうなことばの連続で、自分の子育てが失敗であったと、自らを責めている様子である。

「中学三年の時に、一ヵ月学校を休みました。高一になった六月からまた欠席しはじめ、今も続いています。」

「すると、半年以上も休んでいるということですか。」

私は問い返した。

「今は一月ですから、そうなります。このように長く休むようになったので、私も心配になって、子育ての本を読み、人の話も聞き、子どもには、『あなたは女の子だから、中学だけ卒業すればいいのよ。』と言い聞かせたりしました。でも、本人は高校へ行きたがりました。

子どもは、周りの人から、どうしてあの子は学校へ行かないのだろう、と思われるのがいやだ、と言っています。

小さい時から、塾だ勉強だ、と押しつけたためにこういう子ができたのではないか、と今は反省しています。」

母親はすっかり気落ちしている。

この母親は、子どもの行動を述べると共に、なぜそうなったかという原因、つまり行動の解釈をしている。しかし、母親の考えたことが登校拒否と直接結びつくことはあるまい、と考えた。

だが、ここではとにかく黙って聞くことにした。

「主人も、この子のことで落ちこんでいます。本人は、『もう一度他の高校で、一年からやり直しをしたい。』と思っています。

けれども、自信喪失で、朝も起きてきません。あと一ヵ月で受験というのに、午後二時ごろまで寝ており、私が毎日ふとんをめくって起こしています。起きても、勉強は何一つしません。

こういうわけで、受験するといっても、実際にはむずかしく、また、たとえ合格したとしても、通学が続くかしらと思うのです。」

子どもは朝起きないのではなく、起きられないのである。勉強も、勉強しないのではなく、勉強する気になれないのである。母親はその点について誤解をしているようである。

「今は

このような状態ですが、中学時代は成績もよく、模範生で通ってきたのです。几帳面で、何でもきちんとする、手のかからない子でした。」と、母親は涙ぐんだ。

「内科で診てもらいましたら、自律神経失調症と言われ、次に行った精神科では、薬はいらない、カウンセラーに話してもらいなさい、と言われました。」

このあたりから母親は落ちつきをとりもどし、淡々と話せるようになってきた。

精神科医が母親に言ったひとことは、母親に与えられた最後の希望であったのかも知れない。それは確かに相談に来た母親と、カウンセラーとの信頼をつなぐ名医のことばであった。

薬はいらないと言って、薬の代りに医師が与えてくれた貴重な助言である。

その意味で、この精神科医もこのカウンセリングの一端を担っていると言ってよい。

カウンセリングというものは、そのようなものである。

「先ほども言いましたように、子どもは昨年の六月から学校を休みはじめ、十一月十日に休学ということにしましたので、今では毎日学校へ欠席の連絡をしなくてもすむようになりました。子どもは、手先が器用で、人形づくりもよくしました。

私は苦労性で、そのために子どもを不眠症にしてしまいました。私がもっと子どもを突き離せばよかった、と思います。」

母親は自らを責めて言った。

ここで母親は、「突き離せばよかった」と、激しいことばを使っているが、むしろ「じっと見ていてやればよかった」という意味であろう。母親の不安が子どもの不安を増大させたという反省であれば、母親のことばの意味はよくわかる。

「中学三年の時、思いあまって占いに行きましたら、『名前がよくない。すぐに変えないと命とりになる。』と言われ、子どもがいやがるのを無理に変えようとしました。

そのうちに、つまらないことだと考え、変えないことにしましたが、そのために子どもを憂欝症にしてしまいました。

私も主人も、社交性がないのです。主人はもと会社員でしたが、今はこのあたりの皆さんがしているように茶づくりの農業をしています。おかげ様で他にも収入がありますので、健康と楽しみのためにしているのです。

主人は誰にもやさしい人なので、子どもが登校拒否をするまで家庭は円満で、私ほど幸せ者はないと思っていました。

今では、主人も子どものことで血圧が上がり、生きていてもつまらない、などと言っています。」と、言ったあと、

「私も時々おかしくなるのです。」と、つけ加えてここで黙ってしまった。

「わかりました。」

そう答えたあと、私は、翌日子どもと家庭で面接する約束をした。

母親が今日の講演に来たのは、講演を聴くというより、最初からカウンセラーを紹介してほしいからであった。

講演とカウンセリングとは異なる。たとえ講演がカウンセリングに関するものであっても、相談したい人が、自分の知りたいことのすべてを聴けるわけではない。しかし、カウンセリングでは、面接する人の事情にそって話のやりとりがなされるはずである。また、そうでなければカウンセリングではない。

それを洋服にたとえるならば、講演は既製服に似ており、カウンセリングはオーダーメイドの服である。

茶畑が続き、雪の富士がま正面に見える美しい場所に由紀の家はあった。

家に着くと母親が広い座敷に案内してくれた。

お茶が運ばれ、父親も出てきてていねいに来訪の礼を述べ、すぐ退席した。

続いて当人の由紀が豪華な座敷机の正面に私と向い合ってすわり、母親がその右側にすわるのを待って、私の方から自己紹介をした。

最初に母親が、

「家の隣に教会があります。そこの奥様は英語がすばらしくできる方です。子どもが英語を習いたいと申しましたので、私がお願いに行くようになったのがご縁で、私は二、三ヵ月前からそこへ通っています。」と、話のきっかけをつくったあと、次のように話した。

「この子は私が三十五歳の時のはじめての子でしたので、たいへん喜び、あまやかして育てました。

中学三年の九月、十月と休み、十一月には再び登校して、私立の高校へ進学しましたが、その時は優等生で真面目な子でした。

しかし、この子には社会性がなく、学校では皆の会話の中に入っていけず孤立していると言って悩んでいました。そして半年前から登校しなくなりました。

そのころ、コリーを飼いたいと言っていたのを断念させたのが、原因の一つかとも思いましたので、代りにセパードを買うことにしました。今でもコリーは一生の夢だから飼いたいと言っております。

この子は友だちが信用できない、と言います。

実は、他の学校へ進学した由紀の親しい友だちがおりますが、その子が電話をしてきたことがありました。

その時、たまたま由紀は留守でしたので、私がそう伝えると、その友だちは、『それではそのうちかけます。』と言ったきり、ついにかけてこなかったのです。」

こう言って黙ったあと、

「こちらからもかけなかったのですが。」と、つけ加えた。

かけなかった理由は、友だちの方から「またかける。」と言ったからである。

「そのうちに先方から手紙が来たのです。『電話をかけたのに、あなたは返事をくれないからあなたとは絶交します。それに母が、あなたはあの子とちがう高校へ進学したのだから、新しい学校で新しい友だちをつくりなさい、と言いました。』と、書いてありました。」

母親は、「絶交」ということばに力をいれて言ったあと、声を落として、

「今の子は、『絶交』ということばをそのように簡単に使うのでしょうか。」と、嘆いた。

友だちが、突然、絶交を宣言したと思ったために、由紀にはよけい衝撃的だったのだろう。

しかし、由紀の母親にも、由紀にも誤解がある。

「新しい学校へ進学したことだから、新しい友だちをつくりなさい。」という友だちの母親のことばが絶交状のなかで書いてあったが、それは、「電話したのに返事がない。」と、友だちが母親に不満を言った時に、友だちをなだめるために彼女の母親が言ったことばにちがいない。だから、由紀と由紀の母親が考えているように、返事をしなかったことが友だちの絶交の理由なのである。

しかし、もともと由紀の友だちに誤解がある。またかける、と言ったことばを自分で忘れてしまったことに発する誤解である。そう考えるとよくわかる。

「その時、由紀は二泊三日の東北旅行をして、その友だちにあげるために買ってきたお土産を、いつ渡そうかと考えていたのです。

それで、この子はたいへん心を痛め、私もいっしょに苦しみました。」

由紀が登校できなくなったのは、母親の言っているように溺愛して育てたからでも、社会性や社交性に欠けて集団の中で孤立するためでもない。

この子が高校で急に集団の中にとけこめなくなったのは、「絶交」ということばを、信頼していた友だちから突然つきつけられて、彼女に対する信頼のきずなを一挙に断ち切られてしまったからである。

そこで、母親と由紀に、

「今、わかりました。お友だちは誤解をしたのです。お友だちは由紀さんの留守に電話をかけた時、『そのうちにまたかけます。』とつけ加えた大切なひとことをすっかり忘れてしまって、由紀さんからかかってくるものとばかり思って待っていたのです。

由紀さんが帰ってきたらかけてくれるように、と言ったつもりだったのです。それが誤解のもとになったのです。」と、ゆっくり説明した。

由紀の瞳が美しく開き、大粒の涙が両眼に浮び、それが落ちることもなくどこかへ吸いこまれていくように見えた。

この瞬間、由紀は責めから解放されてゆるされ、自分がゆるされるとともに、怒って絶交状をつきつけた友だちを「誤解」という理由でゆるしたのである。

この時、部屋の空気が、がらりと変って、闇の中に光が照り輝いたように明るくなった。

母親は、由紀が登校できなくなると、育児書を読みあさり、どこで子育てに失敗したかを考え、そのうちに占いに走って、子どもがいやがるのに、名前を変えようとした。それに失敗すると、母と子で内観法という修養会の合宿へ行ってみたこともあるという。

この面接は、ここで大きな峠を越えたことになる。

母親も表情が明るくなり、今までとはちがった調子で再び話しはじめた。

「中学に入ってから、おだてに乗ったというのですか、真面目な子だと言われ、この子もその気になってやってきました。」

この時、由紀もごく自然にこの対話の中に入ってきて、

「中学二年、三年の担任は、体育の先生でした。私は忘れ物はなかったし、風紀規則違反もしなかったので、先生はいつも皆の前で、私をほめ、橋本さんのようにしなさい、とか、橋本さんを見てごらん、と言われて、私はうれしかったのです。」と、母親のことばをくわしく説明した。落ちついて、柔和な表情である。

このように、カウンセリング中に、カウンセラーが問いかけないのに、相手が話しかけてくれるというのはきわめてまれなことである。

とりわけ登校不能になっているような子どもの場合にはその例がない。

それは、カウンセラーを信頼し、何の警戒もなくそこにいる証拠である。

そのようになったのは、「友人の誤解」という理由で自分がまったくゆるされ、自分もまた友人をゆるして、悩みからすっかり解放されたからである。

ここから由紀は、自分から母親に代って、面接の主役として話すようになった。
それは、最初からこちらが待っていたことである。

「中学三年

の九月には数学の時間に教室で倒れて、保健室にかつぎこまれました。それから何となく学校へ行きたくなかった。それで、一ヵ月くらい休んだかな。」と、首をかしげる。

「何となく行きたくなかった、というのは？」

こちらから問い直すと、

「クラス委員として庶務をやっていましたが、仕事が何かたいへんなことに思えて、負担になりました。一回休むと授業がすすんでしまい、人にも聞きたくなくなり、だんだん学校へも行きたくなくなりました。」

自分の中学の時の登校拒否——実際は拒否ではなく、登校不能と言った方が適当であるが——の心理過程を克明に説明している。

登校拒否の原因は実際にはいろいろあるが、不安もその一つといえる。幼い子は、不安な気持ちを「こわい」ということばで表現することもある。

由紀の中学の時の登校拒否は、母親が言ったような社会性の欠如によるものではなく、病気に対する不安のためである。そのために健康な時には何でもなかったクラスの委員としての仕事が負担になったのである。

病気ではなくなっているのに、病気になりはしないかという不安で登校拒否になる子どもの例は、いくらでもある。

そのような場合、その不安を除去することに成功すれば問題は解決する。

この子の今度の登校拒否は、それとは原因がまったく異なっているが、親は中学の時の連続と最初は考え、かえって不安を深刻にしてしまったようである。

「学校にこわい先生がいましたか。」と聞くと、

「いません。」と答えた。

登校拒否児の中には、制裁を加える教師がこわくてなる例もあり、友だちのいじめがこわくてなる場合もある。

つまり、こわいものが学校に存在するためという理由は確かにあるのである。

しかし、そのような場合、多くは、親にも教師にも理由を言わない。言わないというより、言えないという方が適切な言い方である。こわいと言えないほどこわいと思っているからである。

「友だちにいやな人がいましたか。」

「クラス全部の人に気をつかいました。何かこちらからしゃべってはいけないような気がしてしゃ

べりにくくて……。」と、黙る。

「友だちに親しい人はいましたか。」

「三人ぐらいいました。その友だちの友だちを含めると六人ぐらいいました。」

人との対話では、相手のことばがいつ、どのような状況の中で言ったものであるかを考慮に入れないと、真の意味が読みとれなくなり、誤解が生じる。

今のこの対話でもそうである。

親しい友だちが六人いたというのは、時間的に言うと、クラス全部の人に気をつかって話せなくなったより前のことであるはずだ。簡単に言えば、六人もの親しい友だちがいたが、そのうち話しにくくなって話さなくなったということである。

なぜ、いつから全部の人に話せなくなったか、ということが問題である。

由紀の母親は、社会性とか社交性ということばを使って、それが欠けていたのが原因だと考えていたらしい。しかし、それでは由紀が裁かれ、責められることになりかねない。由紀をすべての裁きから解放しなくてはいけない。

そこで再び交友関係についてたずねてみることにした。

「その時の友だちは、今はどうなっていますか。」

「一番仲のよい友だちだけが別の高校に進学しました。その子とは、先ほど母が話していたように、進学後もしばらくつきあっていましたが、突然絶交の手紙が来てからは、誰とも話せなくなりました。」と、先ほど母親の話したことを、ここで繰り返して言った。しかし、母親が言った時とはちがい、今は暗さが感じられない。

中学三年の時は、突然教室で倒れた病気の不安が後をひいて、皆の中で孤立するようになったが、今回は同じ不安でも不安の出所がちがう。

親しい友人の誤解から突然絶交状をつきつけられ、何のためにそうなったかわからない不安で、孤独に陥ったのである。

だが、今はことの全貌がわかり、不安が消えたのである。

「その親しかった人とのおつきあいは絶交後どうなっていますか。」

由紀にたずねてみた。

「昨年の十二月のはじめに、久しぶりに電話がかかってきました。」

「どんな電話でしたか。」

「元気でいる？　と言っていました。」

由紀は明るそうに笑って見せた。今では笑いが出るのである。

内科に自律神経失調症と診断され、苦悩のどん底にいた時にかかってきた突然の電話が嬉しかったのだろう。

しかし、今、この子に笑いが出てきたということは驚くべきことである。

「あなたはその時何と言ったの。」

これに対しては、ただ笑って答えなかった。

その時の自分の応答を、今では客観的に眺めることができて、ちょっと滑稽に思えたのかもしれない。今は、もはやその時の自分ではないからである。

とにかく、明るい明るい笑いであった。

ほんの少し前、「誤解」という理由で友人をすっかりゆるし、自分もゆるされて、責めから解放されたためである。

「お父さんはこわいですか。」

ここで話題を変えて家族の人間関係に向けた。

「別にこわくありません。」

予想通りの返事である。

「お父さんにこうあってほしいということがありますか。」

「お酒を飲みすぎないようにしてほしいです。」

こう言って、またにっこり笑ったが、そのあとちょっと間をおいて、

「たまに飲むだけですけど。」と、つけ加えた。

父親が大酒飲みと誤解されないためのひとことであろうか。

「お母さんはどうですか。」

「すきです。やさしいですが、少し口うるさいです。」

かたわらで、母親がそれを黙って聞いていた。子どもを教育しているつもりで言っていることばが、教えるのではなく世話をやくことばになっているとわかってきたからであろう。

世話をやくことばは裁くことばにもなるが、教えることばと世話をやくことばが子育てでは混同されがちで、それを由紀が指摘しているのである。

「学校のことを、あなたは今、どう考えているのですか。」

ここでついに、これからの問題の核心に触れてみた。

「行かなきゃいけないと思う。」

この子に希望が湧いてきたからである。

「中学三年の時の成績は？」と問うと、

「あるかしら。」と、首をかしげながら通知票をさがしに席を立った。そしてしばらくして、

「どうぞ。」と、それをていねいに差し出した。

通知票は、ほとんどが十点満点の九で少し八があるだけだった。

「よくできたのですね。」と、ひとりごとのように言うと、由紀も満足そうな顔をしていた。

そのあと、

「私をこわいと思いますか。」と、たずねると、

「全然こわくない。驚いちゃった。」と、おどけたように言って見せたあと、少し間をおいて、

「すごく、すてきです。」と、ゆっくりつけ加え、顔を紅く染めたのが美しく見えた。

その時、奥にいた父親も出てきて、ていねいに礼を述べ、しばらく雑談をした。

そしてこの日の面接は終った。

門まで見送りに出た由紀の顔は、生き生きとしており、とりわけ、瞳が輝いて見えた。

それから

二日たって、講演先の東京から電話をした。その後の様子を知るためであった。

母親が出て、

「一昨日はありがとうございました。

あの夜から由紀はしばらくしなかった勉強をはじめ、いつも午後二時ごろまで寝ていましたのに、自分から早朝起きるようになりました。」と、明るい声で話した。

やはりあの時、大きなよい変化が起きたのだな、と、考えた瞬間のことである。突然、母親に代って受話器をとった人があった。

「由紀の叔父です。由紀はあまったれで、わがままで、親はあの子の言いなりです。この家では十六歳まであの子を由紀ちゃんと呼んでいました。もう溺愛を越えています。あの子は人に対するおもいやりも育たず理屈だけは達者なくせに、朝も起きられない。家の手伝いもしない、なまけものです。」

相当酔っているらしく、由紀に対する罵倒が息もつかずに激しく続く。

母親のさっきのことばも耳にはいっていないらしい。どうやらいつもこのようなことを言っているようだ。きっと由紀もきらっているにちがいない。

やっと母親が受話器を取り返したらしく、

「代りました。」と、ややうろたえて言った。

「由紀さんはそこにいないのですか。」と、確かめると、

「おります。」と、母親は憤然として言った。

とりわけ繊細で、感受性の鋭敏な由紀である。日ごろから気をつかっている母親は、叔父のことばにはらはらしていたらしい。

「由紀さんに代ってください。」と、自分ながら強い調子だと思うほどに言って由紀に代ってもらっ

た。

「今、あの人があんなことを言ったけれど、酔っているらしいから、気にしないで。お酒のせいでめちゃくちゃ言っているんだよ。」と、叔父のことばを無視し、かつ、酔っているからという理由で、叔父をゆるすように言った。

すると、ワーッと、叫び声をあげて、由紀が泣くのが聞えた。それは女の子とは思えないほどの、すさまじい声だった。

そのあと、その混乱を静めるように母親が受話器をとった。

母親は、落ちつきをとりもどそうと努めながら、

「近くに住んでいる叔父が、先ほどちょっと立ち寄って、事情も知らずにあのようなことを言いました。お酒がだいぶまわっていたのです。」と、説明した。

「事情も知らずに」、と言ったのは、今、由紀にどんな変化が起きているかも知らずに、と言いたかったのである。

しかし、同時に、事情も知らないから、とか、お酒がまわっていたからということで、弟をかばう配慮も見られる。

「叔父さんは、まだそこにいるのですか。」

「もう帰りました。」

母親はホッとしたような言い方をした。叔父は言うだけ言って、すぐ帰ったらしい。

ここでまた由紀に代ってもらい、

「さっきは、どうしてあんなふうに泣いたの。」と、たずねた。

「嬉しかったのです。」

由紀は心から感謝をこめて答えた。

暗黒があって光が照り輝くように、降って湧いたようなこのできごとは、この喜びを由紀に与えるためには必要なことだったのである。

一月

二十五日にこちらから電話をして、その後の様子を確かめた。

父親が出て、

「今日は家内が留守なのです。」と言ったあと、

「先日はありがとうございました。あの子は先生が来てくださってから、朝きちんと起きるようになり、今日も自分で英語と数学の勉強をやっていました。ほんとうにありがとうございました。」と明るい声で礼を言った。

簡単ではあったが、この電話で、由紀の行動が一変したことがわかった。昨年の六月に休みはじめてから、昼過ぎまで寝て、まったく勉強から離れてしまっていた子である。

二日後に、今度は母親から電話があった。

「今日はあの子の中学時代の友人が来て、いっしょに出かけました。この六ヵ月間、家から一歩も出なかった子がです。

帰ってからは机に向かって勉強しています。

内科の医者から自律神経失調症と診断され、そのせいか手足が冷たかったのですが、先生が来てくださった日以来温くなり、便秘がちだったのも治ってしまいました。」

驚いたようにこう言ったあと、

「顔も生き生きとしてきました。」と、つけ加えた。

「いつも午後二時ごろまで寝ていたのに、朝は私が起こさなくても自分から起きるようになりました。前の高校は少し行っただけで退学してしまいましたので、春の高校入試に備えて、書類も準備しています。

今日も私はこたつで、先生のご著書を読んで感動していました。

先生がお帰りになったあとあの子と話をしていたら、『お母さん、座ぶとん。』と、自分のを私にくれて、やさしいところを見せてくれました。自分のことだけで精いっぱいだったあの子に、心のゆとりができたのでしょうか。」と、母親は由紀を見直して言った。

母親にも今は余裕ができているようだった。

「主人も、今回は煙草をやめました。どうしてもやめられなかったのに、家族にもよいから、と言って。先生が東京へお出かけの節は、帰りにでもお寄りいただけませんでしょうか。」

母親がこう望んだので、私は快く承知した。

それから

四日後、東京の帰りに、約束通り途中下車して、再び由紀の家へ立ち寄った。それはカウンセリングをした者にとっては、蒔いたものを取り入れるような楽しみの時である。

母親にもすっかりゆとりが出て、緊張した様子は、まったく見られなくなっていた。

座敷に通されると、由紀の方から話しかけてくれた。

「私はいつも冬になると、手足が冷たくなったのに、不思議なことに、先生とお目にかかった日から冷たくなりません。便秘もなくなり、ごはんもおいしくなってきました。」と、母親の言ったことを、繰り返して述べた。それはこの子にとって大きなできごとの一つであったからである。

「皆から、最近はとても顔色がいいね、と言われます。先生とこの前お会いして、何か気が楽になりました。」と、にっこり笑った。

「すべて疲れた人、重荷を負っている人は、わたしの所に来なさい。わたしがあなたがたを休ませてあげます。」と、聖書のマタイ一一・二八には書いてある。

「差しあたって、今、あなたが考えていることは何ですか。」と、たずねた。

「今度行く高校をどこにするか、ということや、入学してからその高校が遠い場合は朝早く起きられるかとか、三年間ちゃんと通えるかしら、ということが少し心配です。夜、寝る時は、明日は朝早く起きようと思うのですが、朝になるとねむくてふとんにしがみついてしまいます。でも、今日は『えいっ！』と八時ぐらいには起きました。」

今まで午後二時ごろまで寝ていたというのが、ひとりで八時に起きられるようになったのである。

「今日は早かったですね。」と、言うと、

「ええ、今日は早かったです。」と、繰り返した。

そこで、

「先日、叔父さんが、変なことを電話口で言いましたね。」と、叔父さんの罵倒の件を持ち出した。

「私が学校を休むようになってから、叔父さんは、いつもあのようなことを言っていましたから慣れてはいたのです。でも、やっぱりああいうふうに言われるとくやしいです。」

「あの時、私があなたにひとこと言ったら泣きましたね。」

私が言ったひとことと言うのは、叔父を批判して、お酒を飲んだためにめちゃくちゃ言っているから気にしなくてもよい、と由紀をかばったことばである。

「先生にやさしく言われて、ありがたく思えて泣けたのです。」

由紀は感動をこめて語った。

このことは前にも述べたことである。

「あれからご両親はどうですか。」

「父は煙草をやめました。私たちのためにもやめるのだ、と言って。母も何かとてもやさしくなった感じがします。前は、朝、起こす時、起きなさい、起きなさいとまくしたてていたのに、今は何も言わなくなりました。

何も言われないと、かえって自分で起きられるのです。」

この時、今まで黙ってかたわらにすわっていた母親が、

「この子は友だちづくりが不得手で……」と、言いかけたが、私は、

「そうではないと思います。そのようには思えません。」と、強い調子ではね返した。

母親の由紀に対する見方は誤っている、と考えたからである。母親がいつか言っていた、社会性の欠如とか、友だちづくりが不得手というようなことは、ほんとうはないはずである。

子どもに、あなたは社会性に欠ける、とか社交性に欠けるとレッテルをはって、本人にそう思いこませる方がよっぽどよくないことである。

この子は、親しい友だちが自分の誤解から絶交を突きつけてくるまで、先生方から模範生と見られ

ていたほどの子である。そのような子が、社会性に欠けるというようなことは、決してあり得ないと私は思ったのだ。

由紀は、友人の誤解から、「絶交」と宣言され、信頼のきずなを一挙に断ち切られた時、不安の深淵に突き落とされて、友だちづきあいができなくなったのである。

母親のそのような観察は、病気の時に運動しないからと言って、運動ぎらいである、と決めつけるのに似ている。

しかし、母親は、前と言い方を変えて、

「この子には、社交性のある活発な子に見られるように努力して友だちをつくりなさい、と注意しました。」と、同じことを繰り返した。

その時、由紀は、

「それがだめ。そんなふうに振舞ったら、かえって疲れてしまいました。」と言った。

私も、

「そのようなことをする必要はありません。無理をしなければ気も楽でしょう。」と、由紀を母親の批判から解放した。

由紀は、

「楽です。」と、大きく体で答えて笑った。そして眼を輝かせて、

「今は頭の後ろの方が、すっきりした感じです。」と、後頭部を指さした。

この子

に残された問題は、あと一、二ヵ月後に迫った高校受験という関所を突破することだけである。

そこで、今度は入試に眼を向け、

「英語の教科書を、持ってきてごらん。ちょっと見てあげるから。私も若いころ、高校で英語を教えたこともあるのですよ。」と言うと、

由紀は、ちょっと驚いたようすで、はい、と返事をし、「英語III」の教科書を取ってくると、私の前に差出した。

実に素直な子である。

「ちょっと読んでごらん。」

はずみをつけて促すと、何の抵抗もなくすらすらきれいに読んでいった。

由紀が教科書を開いたのは久しぶりのはずである。

「よく読めますね。読み方で、あなたが内容を理解して読んでいるのがよくわかります。」と、ほめると、嬉しそうだったが、何か発見でもしたかのような表情をして、

「英語を読んでいると、忘れていたことを思い出します。これからやればやっていけるという自信

が、今つきました。」とにっこりした。

これで近づく入試の受験態勢も整ったようなものである。

二月

一日、母親から電話があった。

「昨日はありがとうございました。

おかげ様で、私も体が軽くなり、すっきりして、夕べは熟睡できました。

いつもは子どもは別室で寝ますが、夕べはいっしょに寝ました。子どももすやすやと寝息を立てていました。

今まで、あの子は午前三時、四時まで寝つかれなかったらしいのですが、安らかにやすむようになりました。」

母親が言ったあと、今度は父親が代って出た。

「おかげ様で、あの子も元気が出てきました。昨日もあれから勉強していました。

あの子は先生がすきです。」

どうやら、私はこの家に幸せを呼びもどせたようである。

二十日ほどして母親からまた電話があった。

由紀が私立M高校に合格したという知らせである。

半年以上、一歩も家から出たことがなかったのに、遠い受験校の下見にも、一人で行き、受験して合格したのである。

最初のころは両親の客として扱われていたものが、いつのまにか、由紀の先生というように私の立場も変っていった。

座敷に通されると、また、由紀の方から積極的に話しかけてきた。

「先生に会うと気持ちが安らぎます。」

これがこの子の今日の最初のことばである。これは私に対する最高のお礼のことばといえる。

「このたびは合格おめでとう。」

「ありがとうございます。先生のおかげです。まだ公立高校の試験もありますので昨夜は十二時ごろまで英語の勉強をしていました。」

どことなく心のゆとりを見せて言った。

「私と会ってから二ヵ月になるけど、あなたが自分で変ったな、と思うところはどこですか?」と、自分から見た自分の変化をたずねると、

「人と話せるようになったし、何だか度胸がついてきたというところ。」と、何のためらいもなく答えた。

心の中の平安を「度胸」と言ったのである。何物も恐れなくなったのである。人と話せるようになったのもそのためである。これで、母親の願っていた社交性も一挙に出てきたことになる。この子が努力してそうなったのではない。外から自然に与えられたものである。

「たとえば誰と話せるようになったのですか。」

「どんなお客さんがみえても話せなかったのが、今はどなたとでも話せるようになりました。そのせいか、今度の受験も面接の時にあがらなくできました。」

母親がいつか、この子は社会性に欠けていると言ったのは、人と話せなくなっていた状態を指していたにすぎないということがわかった。

今度は由紀の方から、

「先生は、やさしくて、すてき。」と、言ったあと、

「見ていてもおだやかで、お顔がやさしいという感じ。」と、誰にもはばからずに言った。

その時、部屋の隅に置いてあるガラス張りのかなり大きい人形ケースに気がついた。以前ここを訪れた時、母親に、由紀の作品です、と紹介されたものである。その時、立派な作品だとは思ったが、もっとさし迫ったことを考えていたので、それを話題にする余裕がなかった。

その時、母親が、「顔も服もすべて由紀の手作りです。あの子は手先の器用な根気のよい子で……」と言っていたのが思い出された。

そちらの方に視線をやってじっと見ていると、なるほど実によくできているではないか。

「あの人形はすばらしいですね。」と、思わずほめた。

由紀は、

「自分の心が作品に出るということを、いつかテレビで聞いたことがあります。やさしい心を持っていると作品にやさしさが出ると言っていました。

人形は顔がいのちといわれていますが、自分に痛いところがあると、それも人形の顔に出てきます。」

と、芸術観とでも呼べるようなことを生き生きと語った。

そのあと由紀は、私の著書に触れて、

「先生のご本を読んで、今まで人の性格は変らないと思いこんでいたのが、変っていくとわかり、安心して、気が楽になりました。希望も持てるようになりました。」と、言った。

これは私の前著『愛は裁かず』に対する書評である。

そして、

「私は長欠をしていたからこそ、先生にお会いできたのですね。」と、私との出会いを感謝してくれた。

さらに驚いたことには、

「何もなければ、私は順調に卒業できたかもしれないけど、やさしい思いやりの心はきっと育たなかったと思います。」と、自分の挫折が結果的には有益だったと感謝している。

つまり、まわりのすべての人に感謝し、自分のぶつかったできごとにまで感謝する理由を発見しているのである。

いつのまにか出て来て、そばにすわり、私と由紀との対話を聞いていた母親が、

「ことばの端々に、この子はやさしさが出てきましてね。」と、涙ぐんだ。

三月

二十四日、講演のため上京した帰路立ち寄った。

由紀に、

「進学はどうなりましたか。」とたずねると、

「私立高校も入学金を払いましたが、公立高校も合格しましたので、そちらの方の入学手続きをしました。自転車で家から十分で、近いからです。」と、朗らかに言った。

「体の調子はどうですか。」

念のためにたずねると、

「前は体や手足が冷えていましたが、先生にお目にかかってからは、すっかり治ってしまいました。」と、この前のことばを繰り返した。

その時、母親が、

「登校できなかった時は、いつも胃が痛かったようですが、それもなくなりました。」と、つけ加えた。

このように登校拒否の子どもは、登校できない理由を自分の体で語る。つまり、体で登校できない理由を説明するのである。そのため発熱したり、頭や足の痛くなる子もいる。しかし、不思議と日曜の朝だけはまったくそれがなくなるものである。

由紀

が立派に高校に合格し、通学するようになってから、仕上げの面接を行った。

洋間の応接室に通され、席に着くと、母親の方から、

「一昨日、先生からお電話で、上京の帰りに、仕上げでおうかがいしましょう、と言われたよと、本人に伝えましたら、本人も、そうしましょうと、楽しみにしておりました。」と、笑いながら挨拶をした。そのあと、

「おかげ様で、顔色もよくなり、元気で通学しています。案外、疲れると言わないのです。マラソンもやりました。

おとといの、学校でのお料理の実習も、この子の班が一番早くやれたそうです。うちでも随分手伝ってくれるので、手際よくやれたようです。」と話し、由紀も、

「いろいろありがとうございました。自転車で十分の道のりを通学しています。」と、元気よく言っ

た。

「学校の感じはいかがですか。」

漠然とした問いを向けると、

「何かすごくにぎやかで、明るいです。」と、ひとことで印象を語った。

半年近くも続いた孤独の世界から脱出して見た、まばゆい社会である。

人間関係の質問を次々としてみた。

「友だち関係はどうですか。」

「だいたい出席番号の近い人や、その人の友だちと話をしています。」

「先生はどのような感じですか。」

「やさしい女の先生が担任で、他の先生も生徒といっしょにふざけたりしています。

皆若くて、顔だけ見ると、生徒と同じです。楽しいです。」

その表情は底抜けに明るく、集団に溶け込んでいる様子がうかがえた。

「担任は何の科目の先生ですか。」

「数学です。」

「数学はどう?」

「今のところまだやさしいです。」

「英語は？」

「やさしいし、進度があまり速くないのです。」

「あなたはできる人だから、英語は別の参考書でどんどんやっていけばよいと思いますよ。」

私のことばに由紀は大きくうなずいた。

「今、何か心配なことがありますか。」と、たずねると、

「別にありません。」と、はっきり答えた。

「それでは、今の高校に入学する前に心配していたことがありますか。」

「朝起きられるかどうか。友だちができるかどうか。そのぐらいでした。」

「それが結果としてどうでしたか。」

「みんな何でもなかったです。そういう不安は消えました。」

「不安は消えたのですね。」と、念を押すと、

「そうです。」と、力強く答え、

「登校できて何だか自信がつきました。」と、何物にも恐れがなくなったことを示した。

話題を家庭に向け、

「お母さんたちが、今、どんなふうに見えますか。」と、聞くと、

「あんまり世話もやきません。」と、答えた。

世話をやくのも愛であると考えていた母親が、愛は裁くことをしない、と理解してからは、教えはしても、世話はやかないように心がけているからである。

「今、何時ごろ寝ますか。」

「十一時ごろです。」

「何時に起床しますか。」

「七時ぐらい。」

今までかたわらに腰かけて黙っていた母親も、ここで話の中に入って来た。

「このごろ学校から帰ると、生き生きと、学校の話を私にしてくれます。学校で、どんなタイプの友だちを見ても、批判をしないで、ありのままを私に話してくれます。人をゆるして裁かない、ということが身についたようです。

それにこの子の顔つきが明るくなりました。」

そう言って由紀の方を向き、

「洗濯物を黙って取り入れてくれたり、雨戸も自分で開け閉めしてくれます。私が外の犬小屋の中を片づけていたら、コードをいくつもつなぎ合せて、電燈で手もとを照らしてくれました。すべてよく気がつくようになり、思いやりを見せてくれます。以前、先生が、おもいやりがあるということは社会性があるということだ、と言ってくださいましたが、このように社会性も見られます。

小さい時はやさしく、素直な子でしたのに、しばらくそうではありませんでした。今また、もどってきました。」と、失われた子が帰ってきたような喜びにあふれていた。

七月

二十四日に母親から電話があった。

「担任の女の先生からわざわざ電話をいただいたのです。『由紀さんは一学期の成績がクラスで一番でした。学校では何事もよくやっています。誰もやらない所の掃除を汗まみれでやったり、友だちにもよく教えてくれています。こんなよい子を今まで受け持ったことがありません。』とまで言っていただきました。」

母親は嬉しさのあまり、このことをわざわざ知らせて、私と喜びを共にしたのである。

旅行先からの便り

暑中お見舞申し上げます。お元気ですか。私は初めて飛行機に乗り、母と北海道旅行をしています。

今日は阿寒湖のマリモを見て、いつもは霧でまっ白だという摩周湖に行きました。青くて、とてもきれいな眺めでした。

明日は知床や網走に行く予定です。

七・二五　川湯にて

由紀の楽しそうな顔が目に浮ぶような便りであった。

由紀

寛容という名の愛

世の中にはこのような人もいます、と言って、東京のあるクリーニング店のご主人が、こんな話をしてくれた。

一人の常連の客が、愛用していた一着のカシミヤの背広を、その店に出した。仕上げ作業もすんで、届けるばかりになって、それが店にかけられてあった時のことである。

その家に小学校六年になる家庭内暴力の男の子がいた。その子が、いきなりそれを鋭利な刃物で切り裂いてしまった。親を困らせ、その反応を見るためであった。

店の主人は、大切なお客の物を、と途方にくれたが、仕上げ段階での機械作業の過失という理由で謝り、被害弁償で済ませてほしいと頼んだ。

すると、その客は、

「まあいいですよ。それにはおよびません。あれはよく着たもので、それでなくても、破れる時が来ていたのです。」と、弁償も断った。

人をゆるすことは、寛容という名のつく愛であるが、それほど簡単なことではない。ゆるすにはゆるす理由を理性が要求し、理由がなければとてもゆるせないからである。

この客は、過失であるから仕方がありません、と言ったのではない。それでなくても破れる時期が来ていたのです、と言って、時に責任を帰してゆるしたのである。ゆるす理由は、普通はゆるす意志があって、はじめて見つけられる。だが、それとは逆に、探したわけではないのにゆるす理由が出てくると、今までゆるせなかったことが、自然とゆるす方向に傾斜していく。理性が感情を指導するからである。

物を大切にする人は、普通の人が捨て去るようなものからでも、美しい芸術を創造する。ここに登場したこの客は、屑となってしまったものから、どのような価値を創造したのであろうか。

6　諸悪の根源とさえ言われた高校生
――人をゆるせる子はこのように伸びた

「私は　先生のお書きになった『愛は裁かず』を読ませていただいた笹山という者でございますが、子どものことで、ご相談にのっていただけませんでしょうか。」

ゆっくり遠慮がちに言う女の人の声である。誰の紹介もない電話での相談は、いつもこのような形で持ち込まれる。

「お子さんはおいくつですか。」

私は、まず、たずねた。

6　諸悪の根源とさえ言われた高校生

「高二の男子です。」

母親は、急いで答えた。

「ご相談はどんなことですか。」

「授業中だというのに、教室には入らず、運動場でバイクを乗り回したり、病気でないのに無断で保健室で寝ていたり、他人の自転車を、黙って持ち出して乗ったりします。

トイレの中で、紙を燃やすようなあぶないこともし、学校の中や外で、お酒まで飲んだりします。

また、女の子と人目をひくような交際をし、皆のうわさになっています。」

母親は、子どもの症状とでも言うような一連の行動を並べたてた。

そして、一息ついてから、

「学校からは、困る、困る、とよく家に連絡があります。でも、子どもにきつく注意すると、家出して外泊するのです。」と述べた。

相談は常にこのような追いつめられた状況下で、出口を求めたい一心で持ち込まれる。

「家族構成はどうなっていますか。」

今度はこちらから質問をした。

「会社員である四十五歳の主人と、家事をしている私と――私は四十歳ですが――それに主人の母と、中二の弟がいます。」

どこにでもありそうな普通の家庭である。

大事なことは電話で話すものではない、と言われるように、電話でのカウンセリングには限界がある。そこで、学校が春休みに入る一週間後に面接することを約束した。

面接は、ことばで伝えることのできない微妙な点まで、視覚を通じて人に伝えることができる。まなざしや表情は、時にはことばよりも強烈に、しかも鮮明に相手に語りかけることがある。

当日、数時間もかかる遠路を母と子は約束通り訪ねて来た。

小柄な母親が、体格のよい、高二のむずかしい男の子をつれてきたということは、少なからず驚きであった。

子どもの側で、拒否することは日常茶飯事のことだからである。そのためにロープでしばって車でつれてきた父母もいる。

応接室に通した二人に、

「遠いところをよく来てくれました。」と、心からいたわりのことばをかけた。

そのことばは、母親よりも男の子に向けた。

その時、その子は、

「お母さんが、名古屋の先生の所へ相談に行くからあなたもつき合ってほしい、と言ったので、僕は関係ないけど、つき合おう、と言ってついてきました。」と、述べた。

カウンセリングは親と子を同席させてすることもあるが、この場合は、子どもに読み物を与えて別室で待ってもらい、母親の面接を先にすることにした。

部屋の気流を測定するのに、気流計を部屋に持ち込むだけで、部屋の気流が変るように、子どもがそこにいるかどうかによって、母親の言い方がちがってくるからである。

「子ども」は笹山研治といいます。どうぞよろしくお願いします。」と言って、母親は椅子にかけたが、顔色はさえず、疲れている様子がありありと見えた。それは単に長い旅の疲れのせいではない。

カウンセリングの定石で、子どもの生活史についての対話を、概略は巨視的に、問題のある点は微視的に突っ込んでいくことにした。

「お子さんを妊娠した時、喜びましたか。」

「はい、最初の子でしたから喜びました。」

「出産は安産でしたか。」

「そうです。けれども、乳児期に発熱して食欲がなかったことがあり、その時は心配しました。」

「幼稚園時代はどうでしたか。」

「普通に登園していました。」

「それでは小学校時代に何か心配なことがありましたか。」

「入学してから、頭やおなかが痛いと言ってよく休み、冬になるとかぜをよくひきました。」

「中学時代は？」

「一年の三学期に三十日かぜで休みました。また、二年のはじめに階段から三回も滑り落ち、椎間板ヘルニアになって入院しました。

中二の六月、学校で校内暴力事件が起きましたが、その時、暴力生徒に誘われて仲間に入り、授業をさぼるようになりました。帰宅もおそくなりました。

中三になると、他の子は落ちつきましたが、うちの子は一部の子といっしょに、相変らず授業をさぼり、ひょっとして頭がおかしいのかしらとも思いました。

学校でお酒を飲んだり、友だちの自転車を無断で乗り回したりします。私が、『出て行け。』と、怒ったらほんとうに出て行き、友だちの家に泊ったこともありました。

その後、何か注意すると、そのたびに外泊し、外泊の癖がついてしまいました。主人はこの子の小さい時、『精神薄弱じゃないか。』と、言いましたが、そのうち成績はだんだんよくなり、中一の時は二百人中八十番ぐらいでした。そのころから同級生の横瀬英子さんと交際をはじめ、中二になると結婚するのだと言って皆のうわさにのぼるようになりました。交際は今でも続いています。心配になって、青少年健全育成センターや、児童相談所へ行きましたが、ただ話を聞いてくれただけでした。『父親や本人にも来てほしい。』と、言われましたが、結局行きませんでした。」

母親は、その時なぜ行かなかったか述べなかったが、ここで聞くまでもないと考え、それ以上はたずねなかった。

「中三の夏休みには実力をつけるため、東京のある塾へ通わせましたが、ついて行けなかったようです。

東京のある私立の高校を受験させましたが、不合格となりました。

その時、祖母や主人から、『この子は頭が悪い。』とか、『勉強しない。』などと言われました。」

「お母さん

もお気づきのようですから、ここで今さら言う必要もないことかも知れませんが、そのような時に何を言うかはきわめて重要な問題です。

その時こそ子どもの身になって、『東京の私立は地方とちがってむずかしいのだから。』とか、『地方から東京の有名私立を受けるのは、少し無理だったのだから。』と言って、子どもの負担を軽くしてやればよかったのです。

しかし、ご主人やおばあさんは、そのような事情をよくご存じなかったのかもしれません。

先ほどの話で気がついたことですが、『子どもの頭が悪い。』と言って、そのように本人に思いこませれば、やる気をなくすのは当り前です。

試験ができなかった時は、『頭が悪い。』などと決して言わずに、『問題がむずかしかった。』とか『勘違いをしたのね。』と言ってやる方が、ずっと本人のためになります。」

「結局、郷里の公立高校に入学しましたが、先ほどお話したような状態でたびたび学校から呼び出されては、『こんなことをしてもらっては困るじゃないか。』と、まるで私がしたかのように、先生に叱られました。」

母親は不満げにそう言った。

「そのような言い方を、先生がしたのですか。」

私はわざとあきれたように応答した、

「家では、子どもは乱暴などしません。私はあの子の中学時代に、悪いことをすれば、すぐにたたきました。」

こう言いながらも、母親は子どもをたたいてしつけをしてきたことを反省している様子であった。

たたく親と一緒に住めば、やがて子どもも人をたたく子になる。なのに、この子は母親も言っているように、家庭でも、学校でも暴力は振わないという。

これは、きわめてめずらしい例である。

その秘密を解く鍵は、この子がどのようにして、人をゆるすことができるようになっているか、というしくみである。

人は相手をゆるせば、暴力を振うことをやめる。

「今も、高校の先生は、『学校での態度が悪い。』と言い、『学校での諸悪の根源は笹山だ。』と、怒っておりますが、担任の吉田先生だけは、『そんなことはない。そう見えるだけだ。』と、言ってくれています。」

母親はこのように息子をゆるしてくれている寛容な担任に対して、心から感謝している。

「けれども、子どもは今でも授業中に無断で保健室で寝ていたりします。学校のクラブ活動も入学当初からさぼってばかりいるようですが、その割には六時にしか帰宅しません。学科の中では特に社会科がきらいで、赤点をとり、ようやくのことで二年に進級したのです。

祖母は、『子どもが勉強しないのは、親が勉強させないからだ。』と、言うのです。」

「おばあさんは心配してそのように言うのかもしれませんが、世話をやけば、子どもはうるさいな、と言い返すだけです。勉強しようと思っている子に世話をやくと、勉強する気がなくなる、とも言います。

お子さんは勉強しないのではなくて、勉強する気になれないのです。だから、世話をやくより、ほめる方がよいのです。と言っても、幼い子と大きな子のほめ方はちがいます。

『お父さんは、あなたを頼りにしているのよ。』とほめたら、とたんに勉強しはじめた子もいます。」

「それがわかっていても、私にはできませんでした。でも、これからはやってみます。」と、母親は決意を示した。

子どもが勉強しない、と言っても、その原因はいろいろあるはずである。が、ここでは面接時間の関係から深追いをすることを避けた。

母親との面接が一段落して、先ほどから別室で待たせておいた子どもと代った。


「笹山　研治君と言うのですね。」

改めて声をかけると、

「はい。」と、礼儀正しく応答して席に着いた。それを見ると、人に不愉快な印象を与えるような子には、決して見えなかった。

体格がよく、少しの暗さも見られない、と言ったら言い過ぎであろうか。

「遠い所をよく来てくれました。」と、再びいたわりのことばが自然に出た。

すると、こちらから何も問いかけないのに、

「僕はおばあちゃん子だった。昔はおばあちゃんになついていたけど、今は時々けんかをする。」

と、祖母との人間関係を話した。

「おばあちゃんが、口うるさく言うからでしょう。」と、反抗の理由を推測すると、よく当てたな、という嬉しそうな表情をした。

「学校の先生はどうですか。」

この子の教師に対する見方をたずねた。

「学校には、よい先生も頭のかたい先生もいる。」

「それはどこの学校にもあることですね。」と、全面的にそれを肯定した。

「中学校の時は、先生はあまり厳しくなかったような気がする。」

高校生となった現在と、中学時代とを比較しているようだった。

「高校は、義務教育ではないからでしょう。今の方が中学の時より厳しいというわけですか。」

一挙に問題の核心に迫る構えをしてみた。

「そう。」

研治は意味ありげに答え、少し間を置いてから、

「僕は、いやなことを人から言われても、気にしないで忘れることができる。いつものことだから仕方がない、と思うだけだ。」と、ことばを選んで、思慮深い言い方をした。

「それはえらいね。」と、言った時、研治は緊張し、黙っていた。

そこで、

「人の言ったことを気にしないでいるのは、人の言ったことをゆるしてあげなければ、とうていできないことです。」と、再び力をこめて言った。

その時、研治の顔に美しく明るいものが現れた。

高校で厳しくされたこと――つまり、叱られ、罰せられたことが、具体的に研治の口から出てくるかと思ったが、ついに出てこなかった。

しかし、今、それを改めて問題にする必要もないと考えた。

学校で自分になされた処置を、どのような理由にせよ、当然のこととゆるしている様子がありありと見えたからである。

人は人をゆるす時、ゆるす理由を考えている。人の理性はゆるす理由を要求し、その理由が感情を支配する。

この子の、「いつものことだから仕方がない。」ということばは、「あの人はああいう人で、それしかできないのだ。」という理由をみつけ、その人の行動をゆるしていることを表す。

世の中

には、「すんだことだから仕方がない。」と言ったり、「今日はあの人の虫の居どころが悪かったのだ。」と言ったりして、ゆるす人もある。

また、「子どものしたことではないか。」とか、「そのような環境に置かれていれば、自分だってそうなるかもしれない。」というように、人間の弱さや、無知を理由として、他の人をゆるす人もある。幼い子どもに、「ごめんなさい。」とか、「すみません。」と、言わせ、それを言ったという理由で、ゆるす親もある。

ゆるす理由は、ゆるす側がみつけるものであるが、このように、相手にそれをつくらせてゆるす例もある。

研治が、人が自分にしたことを「仕方がない」とゆるし、それを、ここでカウンセラーからはっきりほめられたということは、研治自身も、カウンセラーから今までの行いをゆるされたことを意味する。

この対話のひとことは、今日のカウンセリングの中で忘れてはならない大切な意味を持つのである。

「笹山君、先ほど、お母さんと話をしましたが、お母さんは君のことを、家では決して乱暴しない子だ、と言っていましたよ。」と、伝えると、それには反応を示さず、

「うちのお母さんは、気性が激しくて、何か言われるとすぐ気にする。」と、母親を批評して言った。

母親が、外部から何か言われると、それに対して敏感に反応しすぎて悩んでいることを言ったのである。

「君は、人から言われたことは気にしないで忘れる、と言ったが、それはりっぱなことだと思いま

す。」と、手放しでほめた。

この時、研治は、人のしたことをゆるして忘れるということの大切さを確認したのである。

「笹山君、今日ここへ来てどうでした。」

最後のしめくくりとしてたずねると、喜びを顔一面に浮べ、

「何となく、いい気持ちになった。」と、明るく答えた。

この面接では、あらかじめ母親から聞いていたこの子の今までの行動を、一つ一つ取り上げて聞くことはしなかった。

それは面接時間が制限されていたからではなく、この子の場合は、必要がないと、話しているうちに考えたからである。

枝葉末節ということばがあるが、この子の場合、カウンセリングの根幹となる問題に、思いがけなく早い段階で直面することができたためである。

一ヵ月後

母親から第一信が届いた。


雪国にも、ようやく春らしさが感じられるようになりました。

いかがおすごしでしょうか。

先日はお世話になりありがとうございました。先生に相談にのっていただき本当によかったと思っています。

研治の心も明るくなったようで、家の者に対しても、素直になりました。

あの子のガールフレンドの横瀬さんが遊びに来ることは、おばあさんが絶対反対だ、と言いますので、私は横瀬さんに、

「遊びに来ていただければよいのですが、年寄りが理解しませんので、もう少しお待ちくださるように。」と、手紙を書いておきました。

先生は私に、子どもを裁いて世話をやかないように、とおっしゃいましたが、これは忍耐が必要です。

これから先にも、またうれしいお便りをしたいと思います。

かしこ

相談に来て、母も子も明るくなって、軽い足どりで帰って行ったのは一ヵ月前であった。子どもが明るく素直になり、母親のイライラもなくなって、安らぎの中に身をおいていることをこの手紙は知らせている。

母親がこの子の女友だちに宛てた手紙も立派で、この子と、祖母の両方に気配りがなされてみごと

である。

手紙の中に、子どもを裁かず世話をやかないようにすることは忍耐がいる、と書いてあるが、私はこのことは特に母親に対して言ったのではなく、一般論として言ったはずである。たとえ母親が子どもの世話のやきすぎをしていると思われた時でも、母親に世話をやかないようにと言えば、今度はカウンセラーが母親に世話をやいたことになる。

そうではなく、

「私があなたに世話をやかないように、あなたもお子さんに世話をやかないように。」と教えればよくわかるし、説得力もある。

このごろは子どもに思いやりを育てることが大切であるとしきりに言われているが、そのためには大人が子どもに思いやりをかけてやるしかない。

世話をやくのに感情が入れば、叱ることになり、感情が高まって、それが前面に出てくれば、怒ることになる。

母親は、世話をやかずにいるには忍耐が必要である、と言っているが、忍耐には限度がある。それよりも、子どもの行動について、ゆるす解釈をきちんとしてその上でゆるせば、忍耐も必要ではなくなる。

ここで世話をやくことと教えることの本質的なちがいを考えてみよう。

人は世話をやかれると不愉快に感じるが、教えられた場合にはありがたいと感謝する。たとえば、廊下を走る子どもに、「走ってはいけません。」とか「走るな。」と、禁止や命令の形で言ったり、「なぜそのようなことをするのか。」と、詰問すれば、それは世話をやくことになる。しかし、「走ると危いよ。」とか、「隣で勉強しているのだからね。」と、因果関係や事実の認識を与えることは、教えることになる。

世話をやくことは裁くことだとも言う。

子どもを裁かず、教えるということは、近代教育思潮の中で強調されている、子どもの自立性とか自発性を尊重する考え方と同一線上にあるものだ。

このように、裁かない、ということは、子どもを放任することではなく、教えて、自発性を育てることである。

人が人をゆるす時は、どんな場合でも、ゆるす理由を持っている。理性がそれを要求するからである。ここで、子どもの行動をゆるす理由をいくつかあげてみよう。

① 子どものしたことだから。
② 私も小さい時、「幼い子のしたことだから」と叱られずに、教えてもらったから。
③ 叱らなくても、わかる子だから。
④ はじめてしたことだから。

⑤　子どもが誤解してやったことだから。
⑥　私が子育てのしかたをまちがえたのだから。
⑦　このような所に私が大切なものを置いたのが悪いのだから。
⑧　愛に欠けて育てられた子だから。
⑨　正直に言ったことだから。
⑩　もうしてしまったことだから。
⑪　私もゆるされてきたことだから。
⑫　虫の居所が悪かったのだから。
⑬　今日はおめでたい日であるから。

このようにゆるす人は、ゆるす理由を、相手の中に求めたり、自分の中に発見したり、客観的な状況の中で探したりする。

親が子どもをゆるす時、子どもは人をゆるす寛容を身につける。そして、寛容な子は、家庭内暴力で弟や妹をいじめたり、親に暴力を振うようなことは決してしない。また校内暴力をするようなこともない。

面接の三ヵ月後母親から第二信があった。

梅雨も中休みでしたが、今日は雨が降り出し、しおれていたあじさいも生きかえってきました。お元気でお過しでしょうか。私には悩みがいくつもありましたが、一番重圧となっていたのは、人から言われた一言二言でした。

でも、もうそのことを恨みに思うことはやめました。私の方がもっと欠点が多いかもしれませんから。思い出しても腹が立つということはありませんし、過ぎたことは忘れようと思うと、頭の中からすっと消えてしまうので不思議です。（注・ゆるす理由をみつけてゆるすことができたのである。それまでは裁かれると裁き返していた。）

水に流すということは、こういうことなのかと思います。

私の頭は蛍光灯のつく時のように、反応がおそいので、先生の言われた、人をゆるすことが後になってやっとわかりました。（注・このように母親は、子どもをゆるしたために、世話をやくことも、叱ることも、やめることができたのである。忍耐も必要がなくなったのである。第一回目の面接をした時、研治は母親のことを、気性が激しく、人から何かを言われるとすぐ気にする、と言っていたし、面接後の母親からの第一信には、子どもを裁かずに世話をやかないようにするには忍耐が必要です、と書いてあった。それを考えると、この母親は、人をゆるす理由がすぐ理解でき、今では子どもをゆるし、水に流すことができるようになったのである。これはすばらしい悟りの体験である。このようなことは、自分が真にゆるされた時にはじめてできる。ここから母親は、子どもが後に言っているように、徹底的にゆるし、世話をやかない母親になったと考えられる。母親が、そのようになった時、子どもがどのように変るのか、それは興味あることである。)

研治は一学期の中間試験で、成績がよかったようで、先生に「努力したあとが見られる。」と言ってほめられたそうです。

ある先生は、「笹山君は、できないのかと思っていたが、やればできるんだな。」と、おっしゃったようで、家へ帰ってきて、笑って話しました。(注・このような時、自分はやればできると確信し、希望が湧き、それにふさわしいように努力する自発性が出てくる。)

このごろは、学期末試験だと言って、毎晩おそくまで勉強しています。(注・勉強しない、と言われる子が、僕は勉強しないのではない。勉強する気になれないのだ、と言ったことがあるが、この子も、五段階評価の一や二ばかりをとっていたころは、勉強する気になれなかったのが、今はする気になれたのである。)

日曜日になると、遠くへ遊びに行って、夕方まで帰らないというようなこともありましたが、今はそれもなくなりました。

夏休みにアルバイトをしたい、と言っています。

この夏もどうぞお元気でお過しください。

かしこ

母親の態度が変ると、子どもの行動も変る。

「行動は場の関数である。」とは場の心理学が発見した法則である。

では、この母親はどのようにして変ることができたのであろうか。

五ヵ月後

母親から第三信が届いた。

私は長い間息苦しくて、息がつまりそうでしたが、今は胸いっぱい深呼吸をしているようです。

先生、ありがとうございます。研治が幼少のころから、私はいつも心配して世話をやきすぎてきましたが、今は先生に教えていただいたように、干渉しないで、ほめるように努めています。

八月十四日、日焼けを気にしながら、皆で海へ行きました。砂浜で夕日が沈んでいくのを見ておりました。

十七日の朝、研治は、松原湖のほとりでのバイブルキャンプに向けて出発しました。小諸から小海線に乗りかえ、国鉄で一番高い場所を通ります。

松原湖から帰ってきた研治は、ことばづかいがいつもとちがっていました。やさしく、嬉しそうに見えました。

夏の終りは一ヵ月分の雨がまとめて降ってきたような集中豪雨でした。

主のお恵みが先生と共にありますように。

かしこ

研治からの来信（九月四日）

夏休みに松原湖のバイブルキャンプへ行ってきました。それからずっと教会へ行っています。毎日とても忙しいです。

キャンプでできた大阪の友だちと今、文通をしています。楽しいです。

時々電話もします。でも大阪だとお金がかかるのであまり長く話していられないんです。

名古屋はまだとっても暑いのではないでしょうか。

こちらは朝と夜はもう寒いのです。もうすぐ雪が降って、ぼくの家なんか一・五メートルぐらいつもります。きれいですよ。

道を歩くと、白いジュウタンの上を歩いているみたいです。

夏は海がきれいです。

今度こちらへいらしてください。

さようなら

母親からの来信（十一月十二日）

研治は先月、修学旅行で関西方面へ行ってきました。晴天に恵まれ、楽しい旅行だったようです。毎日聖書を読み、日曜には教会へ行っております。驚くべきことで感謝しております。学校でも真面目に勉強していると言っております。

研治からの来信（一月二十一日）

大阪には、夏にキャンプで知り合った友だちが二人います。で、正月三日から六日まで大阪へ行ってきました。五日には三人で神戸へ行き、ポートピアランドで遊んできました。大阪の人たちは、とっても気さくで、印象がよかったです。

また、夏に大阪へ遊びに行きたいのですが、もうたぶん家ではお金を出してくれないと思うので、自分でアルバイトをして、お金をためて行きたいと思っています。

でも、そのアルバイトをするには、学校での成績がよくないと、学校の規則で、アルバイトをしてはいけないことになっているので、勉強もがんばらなくてはいけないのです。

それで、今、勉強を一生懸命やっているのですが、なかなか思うようにはいきません。それでも、前よりはだいぶん成績もよくなってきているし、生活態度もよくなっています。この前のテストでは百点でした。

恥しい話ですが、高校になってはじめてです。先生から「よくやった。がんばったな。」と言われました。こんなことを担任に言われたのも初めてです。これからもこの調子でがんばろうと思っています。

あと卒業まで一年ちょっと。勉強にも遊びにも、すべての面で一生懸命全力でがんばっていきたいと思っています。

さようなら

この手紙は、母親と相談に来たころとは、すべての生活が一新していることを告げている。それにしても、すばらしいことである。

母親からの来信（最初の面接から約一年後）

いはばしる垂水の上のさわらびの萌え出づる春になりました。

先生、お元気でいらっしゃいますか。

研治は先月から新聞配達のアルバイトをはじめ、九十軒くらいの家に夕刊を配るので、夕方四時ごろから六時過ぎまでかかります。雨や雪の日が多かったので、かぜを心配して、いつまで続くのかと思っていましたが、まだがんばっています。

今月七日に学期末試験が終り、九日から除雪のアルバイトをしております。耕地整理の工事をした時の土砂が、田の雪に混っているので、土と雪を捨てているのだそうで、長靴の中も服も泥だらけになって仕事をしています。

弱くて心配ばかりさせられていましたのに、こんな力仕事をするようになって驚いてしまいました。

学期末試験の成績はよかったようで、特に理科がよかったのです。

先生、ありがとうございます。

どうかお元気でおられますように。

かしこ

最初の面接から一年三ヵ月たった。研治は高校三年になっていた。偶然その地方の公会堂で私は教育講演をすることになり、母と子に面接する機会を得た。二人で宿舎に訪ねてくれ、そこで研治から面接することにした。

「今日は土曜で、学校は午前中だけでした。」と来訪することができた理由を話し出した。

「立派にやっているようで、すごいね。お母さんからよくお手紙をいただいて承知しているよ。」

と、言うと、

「そうかなあ。」と、嬉しそうな表情をした。そのあと、

「お母さんは以前のように、うるさく世話をやかず、すべて僕にまかせてくれます。」と、母親の態度の変化をまっ先に話した。

「お母さんも立派ですね。」

私も母親をほめると、

「お母さんも落ちついたのかな。そういう感じもある……。」と、ちょっと考えてから、

「そう言えば、確かにお母さんは変ったと思う。僕は特別なことをやってきたとは思わないけど。」

と、つけ加えた。

次に、待っていた母親と入れ代って面接をした。

母親は、ていねいに礼を述べたあと、

「中学二年のころから、さぼりにさぼって、テストも受けないこともあって、先生から成績もつけようがありません、と言われました。

病気ではないのに、三百何十時間も休み、中学三年の二学期の五段階評価は、九科目中七科目が

一で、残りが二と三でした。それでも受験前には少し勉強する気になって、高校を受験し、入学することができました。

今は高校の三年です。今度の成績は百点が八教科中四教科あり、残りも悪くありません。中学の時は、高校受験をあきらめようと思ったことさえありましたのに。

今日、学校から帰ってきて、私に『担任の先生に用事があって行ったら、笹山はよくがんばっている、やる気を見せている子だと、今もみんなで話していたところだ、と言ってくれた。』と、話してくれました。

「すばらしくやる気になって成績を上げたので、学校でも話題になっているのですね。」

私もそれを聞いてほめた。

そのあと、私は笹山家の夕食に招待され、その機会を利用して祖母にも面接した。

祖母は、

「あの子があんなによい子になりましたのも、先生のおかげです。

先生の所から帰ってから母親が『ほめるところをさがしてほめてやれ、とおっしゃった。』と話してくれたのですが、『こんな悪い子をどうしてほめるのか。』と、言って私は笑ったことです。

でも、おかげで心からほめられる子になりました。」と、礼を述べた。

続いて二階の部屋で、父親にも面接した。

ていねいに挨拶を交したあと、父親は、

「昨年は母と子でお訪ねして、いろいろご指導いただき、ありがとうございました。私も子どもと話すのは、解放された自然の中がよいと思って、休日に畑へつれて行っては、話をしたのですが、やっと、よい友だちとつきあいをはじめました。

中二のころヘルニアで腰を痛めましたが、あれも校内暴力でやられたのではないかと思います。

高校生活も、先生の所をお訪ねしてから、落ちつきはじめました。

今、高校卒業後の進路も自分で決めなさい、と言っているところです。

いろいろ話したら、何らかの形で進学するつもりのようで、中三のころと比べると、ガラッと変ったのです。自分ですべてがわかってきたのです。

よいことに国立大学の学生さんが、あの子の周りにいて、その人たちの影響も受けているようです。

幼稚園時代通った教会へも、最近また通いはじめました。」と話したあと、姿勢を直して、

「あの子は最近、めずらしくしっかりしていますよ。アルバイトをやっても、それが相当つらい仕事であっても、最後までやり通しました。だいぶ変ってきました。」と、手放しでほめ、

「ほんとうにありがとうございます。」と、結んだ。

翌日、公会堂での講演のあと、隣の市から来たという研治の母方の祖父にも会った。

「電話で話すと、ことばの使い方や、考え方がまったく変ってきたのがわかります。何でも自分か

ら積極的にやるようになりました。立派なものです。」と、孫のことを、ただほめるのみであった。

この相談のはじめ、よいところを探してほめてやってください、とすすめた時、こんな子をどうしてほめるんだと祖母たちは笑った。

ところが今は、周りの者が、ほめずにはいられなくなっている。

ほめるということは、単にその子の優越感を満たしてやるだけではない。その子をゆるすという宣言でもある。その愛によって、子どもは立ち直ることができる。

研治は、高校三年の三月、希望の大学にみごと合格し、今は入学を待つばかりである。

研治からの合格のしらせは次のようなものだった。

お元気ですか。

おかげ様でやっと大学入試に受かることができました。ありがとうございました。私が今度通う学校は名古屋に近いので先生の所へ遊びに行かせていただきたいと思います。

大学に進学し、寮生活をしている研治が、二ヵ月たって来訪した。生き生きとした礼儀正しい学生として今も印象に残っている。

登校拒否を防いだ母親の知恵

子育てについての座談会で、ある母親が、生々しい体験を話してくれた。

「昨日、学校から帰った六年になる娘が、急に、『学校へ行きたくない。』と言い出しました。『どうして。』と、驚いて問い返すと、『今日の給食の時、当番だったので配膳をしていたの。すると、一人の男の子が、ウェーと変な声をあげて、私からわざと離れて、食器をいかにも汚なそうに取りあげた。』と、わけを話しました。

私は、いじめだ、とすぐわかりました。

そこで、『行きたくなければ、ずっと行かなくてもいいのよ。私の育て方が悪くてごめんね。そんなことも、ちゃんと先生に言えないような子にしてしまって。』と、涙を流して言いました。

すると、娘は、『弟が一人で行くことになるから、かわいそう。行こうかな。』と、小声で言いました。

その時、私は、『弟がかわいそうで行くのなら、行かなくてもいい。自分のために行くのならそうしなさい。』と、言いました。

そして、その日はそれ以上何も言わずに寝ました。

翌朝、娘はぐずぐずしてなかなか起きてこず、もう行かないのかな、と思っていると、『やっぱり行かない。』と、言い出しました。」

母親の出方を打診したらしい。

「『お母さんは、あなたが休んでも行っても怒りませんからどっちでも好きなようにして。お母さんが指図したらあなたはロボットみたいになるからね。』と、昨夜の言い方と、少し変えて言いました。すると、『お母さん、私、おくれたけど、これから行くよ。』と、先ほど言ったことを取り消しました。私は、『ああ、そう。』と、軽く返事をして、『それならおくれた理由を先生に書いてあげる。』と、担任の先生に手紙を書きました。」

母親は、手紙を書いてあげるから行きなさい、と言ったのではない。子どもの自発性や自主性を尊重しただけである。

「手紙は、最初に担任の先生に対して、日ごろの礼を述べ、それから、『娘が学校へ行きたくない、と言うので、その理由を聞いたら、このようなことがわかりました。給食の時に、クラスの子に、汚ない、とか、ウェーと言われたり、廊下ですれちがった時に、顔をそむけたりされるのだそうです。いよいよ、私の家にもこんな問題が来たのかと考えています。この手紙を先生に書いたことによって、娘につけがまわらないように、先生、どうか助けてください。』と、書きました。

私はこの手紙を書き終ったあと、娘にそれを読んで聞かせました。

私が『先生、助けてください。』というところを泣きながら読むと、娘も泣いていました。

それから娘は明るい顔になって登校しました。」

座談会での母親の話はここで終った。

そして、母親は私に、

「これでよろしかったのでしょうか。」と、たずねた。

「すばらしい対応です。九十九点。」と、答えると、ワーッという歓声があがって、その場の緊張がほぐれた。

「あなたが、書いた手紙を泣きながら読んだことで、担任の先生は必ず味方になってくれるということを娘さんは確信できたのです。

その時点で、あらゆる登校拒否につきものである不安とか恐怖が一掃されたはずです。見ていてごらん、明日も元気に登校しますから。」と、心から母親の処置に賛辞を送った。

まだ見ぬ明日のことも、勝利を確信して、先どりしたのである。


その後一週間たって、母親から手紙が届いた。


あの日、娘の帰りをうずうずしながら待っていました。

すると、三時すぎごろ、元気に帰ってまいりました。

もうそれだけでひと安心でしたが、少し落ちついてから、「どうだった。」と、聞きますと、担任の先生は、娘を掃除の時間に職員室に呼んで、いろいろ聞いてくださったので、泣きながら今までのことを話したそうです。

先生は、いちいちうなずいて聞いてくださったあと、「あなたは予習復習をよくやり、力をつけるように。そうすれば友だちに認められるようになるから。」と、おっしゃったそうです。

また、それより前の五時間目の時、担任の先生は、クラスの話し合いの時間を設け、クラス全員に、「ことばづかいが乱暴なので、これからはていねいにし、お互いの名前を呼ぶ時には、必ず君、さん、をつけるように。もし、そのようにしない場合は、校庭を一周すること。」という罰則を決めて示したそうです。

罰則は事前の警告である。

担任はクラス全員にこのような注意を与え、教えてはいるが、いじめをする子らには叱った様子がない。

事後の処置については寛容な配慮が見られる。

その日の夜、担任の先生が、お電話をくださいました。

それを要約しますと、「まったく気がつかなくて申し訳なかった。生徒を正しい方向に導くように気をつけたい。今後も何かあったら、いつでも知らせてほしい。」と、いうことでした。

私も嬉しくなって、お礼のことばを申し上げ、いろいろ教えてくださるようにとお願いいたしておきました。

話は少し前にさかのぼりますが、娘が登校をしぶった日、帰宅した夫に、私がどのように対応したかを話しました。

また、その対応を、その日にあった子育て座談会の席で話したら、先生からほめていただいたことなどもつけ加えますと、夫はそれをとても喜び、安心してくれました。

これからも問題が起きるかもしれませんが、先生、どうかお教えくださるようお願いいたします。

娘もあれ以来、明るく元気に登校しています。本当にありがとうございました。

登校拒否と言うけれど、その真意は、登校しないのではなく、登校できないのである。

だが、見た目には「拒否」である。

そこで人々は、このような場合、子どもにやさしくすすめたり、強制したりしてみる。

しかし、登校できなくなった本当の原因は、深刻な不安で、それがなくなれば登校できるようになる。

この母親は、その不安の解消に向って全力をつくし、担任の先生を味方に引き入れることに成功したのである。

すべての登校拒否の子には、休もうとする第一日目があるはずである。その時、家庭ではどのような対処が必要であるかを、この事例は鮮やかに語っている。

7 叱って直すのはまちがいでした

――息子にやる気をとりもどさせた母親

『愛は裁かず』の読者であるという母親から電話を受けた。中学二年になる島崎陽介の相談である。

主な訴えは、服装の乱れ、喫煙、嘘言、遅刻、成績不振、好ましくない集団の一員であるということであった。

家族構成は、

父　四十五歳　会社員

母　四十歳　　家事
祖母　七十歳
妹　十一歳　　小学生

である。

数日経て

両親がそろって来訪し、面接することになった。

「出産は安産でしたか。」

まず、子どもの生育史からたずねることにした。

「安産でした。」と母親が答えた。

「母乳でしたか。」

「人工栄養です。」

「よく抱きましたか。」

「最初からサークルベッドで、あまり抱きませんでした。」

「歩行はいつごろからはじめましたか。」

「十一ヵ月ごろからです。」

「保育園か幼稚園へはいつから行きましたか。」

7　叱って直すのはまちがいでした

「四歳から保育園へやりました」

「小学校のころ、何か変ったことがありましたか。」

「一年の時、先生が本を出して、と言っても、よそごとをしていて出さなかったので、注意されました。

担任から『見ていると注意したいことばかりだ。』と、言われて、私は、うちで注意され、学校でも注意されてはかわいそうだなと思いました。

隣の家へ遊びに行き、さわってはいけないという物をさわって、一つ年上の男の子に注意されると、その子をたたいて泣かせ、そのお宅から苦情が来たこともあります。」

「そのような時、お宅ではどうしましたか。」

「注意したと思います。」

「ただの注意ですか？　たたきはしませんでしたか？」

この注意の仕方が、子育てでは問題になる。

「たたいたかもしれません。私はよくたたいた方ですから。保育園時代に靴のかかとを踏んではいけない、と何度言っても直らないような時は、たたきました。」

「そのような時は叱らずに、今かかとを踏みましたよ、とただ事実のみを言って、気づかせると、『教える』ことになります。ボタンのはずれている時もそうです。どうして踏んだのか、と詰問すると『裁く』ことにも『叱る』ことにもなります。

ただ『気づかせる』ことは、『叱る』ことにはなりません。

靴を踏まずにはいた時には、今日は踏まずにはけましたね、とほめると上手なしつけになります。

子どもはよいことがわかると、自然によくないこともわかってきます。本物がわかると、教えなくても偽物がわかるようになるのです」

次に、それまで黙っていたかたわらの父親に、

「お父さんはたたきましたか。」と、質問した。

「よくたたきました。勉強を教えていて、のみ込みが悪い時に、『まだわからんのか。』と、たたいたものです。」

父親は反省して言った。ここから父親が母親に代った。

相談は対話の進行の中で、子育ての誤りを訂正して、教えていくことをする。しかし、決して、裁いて責めるような言い方はしないように気をつける。

「小学校三年ぐらいまでは、成績は中位でした。四年ぐらいからは私がよく教えました。母親も教えました。

四年生からは野球部に入りました。好きでやっていましたが、レギュラーにはなれませんでした。

それより前、三年ぐらいからサッカーもやってきました。剣道も三年生から木、日と週二回やっていま

したが、こちらは上達して大会で優勝もしました。先生も、うまい、とほめてくれました。ふだんは、ぼけっとしていますが、剣道の時は別人のようで、私もほれぼれするくらいでした。しかし、中二の十月に、県の剣道連盟で初段をとってから、やらなくなりました。今は、また、早朝サッカーをやっています。」

このように、父親は、この子がスポーツで活躍する子であることを強調した。

そのあと

母親が、

「妹をいじめると、私が妹をかばいましたが、私のいない時には、妹をかわいがるところもあります。」と、言った。

「中学の先生は、どう言っていますか。」

学校側の見方をたずねると、

「先生と親の二者懇談の前に学校から呼び出しがあり、『最近服装が乱れているから注意してください。』と言われました。

前は、試験が近づけば勉強しましたが、このごろはまったくせず、先生から、『やる態度がなくなっている。』という注意がありました。」

母親も心配していることを話した。

父親が、

「私があの子に話しかけたら、『おお。』と不真面目な返事をしたので、黙って撲ってやったら、子どもも手を出して押してきました。その時、もう子どもに手を出してはだめだな、と思うようになりました。」と、現状を訴えた。

母親が、またその後に話し出した。

「ある日、陽介が、自分の学生服を妹に『洗え。』と言った時、妹が『いや。』と、答えたので、『ぶっ殺すぞ。』と、怒りました。

妹がこわがって泣いていたので、『自分のものは、自分で洗いなさい。人にしてほしい時にはそのように頼みなさい。』と、叱りました。すると、『出て行く。さがすなよ。』と、二度も三度も繰り返して言って、出て行きましたが、その日、夜おそく帰ってきました。

友人の柴田君の家へ行って泊めてくれ、と頼んだらしいのです。柴田君のお母さんから帰るようにと言いきかされて、いやいや帰ったのだと、すぐあとからかかってきた電話でわかりました。柴田さんも、お子さんの服装の乱れや、遅刻、授業中のすて寝(わざと寝てしまうこと)で困っています。

このごろ煙草の吸いがらが、部屋にたくさんあったので、十日程前に、あの子の部屋を、二階から目のとどく一階の私の隣室に、黙って移しました。

その時は、子どもがどう出るか不安でした。

案の定、帰ってくると、『何で勝手に部屋を移した。くそばばあ。お前が、お父さんにチクッタ（密告した）のだろう。』と、言って、私の襟首をつかみました。

それより五日前、学校で、先生と親子の三者懇談がありましたが、その時、先生の前で、子どもに謝ったことがあります。

それは、私が子どもに、『勉強ができないならサッカーをやめなさい。』と、怒ったことです。その時子どもはただ黙っていました。

先生のお書きになった『愛は裁かず』という本の中の子どもは、親が謝ったらすぐ変っていますが、私のところでは、私が子どもに謝っても、何も変りませんでした。」

母親は、自分の謝り方を考えずに、不満を言った。

今まで裁いて責めていた者が、相手に謝るということは、相手を責めから解放し、相手をゆるすことにもなる。

真にゆるされた子は、相手をゆるすようになり、その意味で人が変るはずである。

「小学校の時は、ひょうきんな子と言われ、先生のものまねを上手にして、皆にほめられました。将来、漫才師にでもしようか、と思ったほどです。対人関係はよい方で、女の子からラブレターが来たこともあります。とにかく目立ちたがり屋です。

家で何かよくないことがあったら、中学の先生には連絡していましたが、私はそうすることには躊躇があったのです。

担任の先生が、『家でよくないことがあったら知らせてください。子どもをよくするためです。』と、おっしゃったので、気がとがめながらもその通りにしたら、子どもがかえって悪くなりました。」

「先生は家庭からの情報によって、子どもを叱るのです。つまり、連絡することは子どもを叱ってくれ、罰してくれ、と頼むようなものです。ただ叱って直そうとするから悪くなるのです。

この方法では子どもはよい子に育ちません。

その反対に、家庭でのよいことを先生に知らせ、先生がほめる資料を提供すればよいのです。」

それを聞いて母親の表情がみるみる変った。

「今までそれを知らなかったので、逆のことをやっていました。子どもは私の失敗の被害者だったのですね。

何か自信がついてきました。」

黙っていた父親も、

「今日はほんとうに救われました。二人で来てよかったです。

心が、すっきりしました。」と言って、明るい顔を見せた。

母親は、

「私は毎日あの子と接するので、時々どうしたらよいか迷うこともあるのです。」と、まだ少し不安

げだったが、父親が、

「お前はそうか。しかし俺は迷わないぞ。」と母親を支えるかのように言った。

それから

一週間たって、母親から電話があった。

「先日、先生をお訪ねして帰宅したら、本人が待っていて、『今度清田君と町へ行ってておごってやりたいから、千円くれないか。』と、小遣いを要求したので、『千円でいいのかね。』と、気持ちよく言ってやりました。

すると、『それでは二千円。』と、急いで言い直しました。

私は今までとちがって、いくら請求されても気持ちよく与えようと思っていたので、『二千円でいいのかね。』と、言ったら、今度は、『一万円。』と、言ったのです。

そこで、思いきって『いいよ。』と言って一万円やることにしたのです。今までにしたことのないことです。

すると、子どもは喜んでしまって、友だちにすぐ電話して、『僕のお母さんが変った。』と、言っていました。

友だちはそれをお母さんに話したらしく、お母さんから、そのことについて電話があり、ほんとうにそうですかとたずねられました。

あまいと言われるかもしれませんが、子どもの要求を一度思いきりきいてみてやろうと思ったのです。

それから一週間たちましたが、それっきり、子どもからはお金の請求はなく、町へも行きませんでした。そこで、『お金はいらないの。』とききましたら、『もったいないからつかうのをやめた。』と言いました。

子どもは、親に受け入れてもらえば、それだけで満足することもある、ということがわかりました。

それから、することが今までと変ってきたのです。」

「その時、お金の請求をやめたことをほめませんでしたか。」

「ああ、ほめません。ほめることを忘れていました。」

母親は少しあわてて言った。そこで、

「あなたのその話とまことによく似た話があるのです。私のところへ夫婦そろって相談に来た人の話です。全寮制の高校一年の子どもが、上級生にもやらねばならないから、煙草二個と、上等のステレオを買って一ヵ月に一回の父母の面会日に持ってきてくれ、と手紙に書いてきたのです。

その子は古いステレオは持っていましたが、上等のがほしくなったのです。

両親は、それにどう対処してよいか、私にたずねました。

私は、『煙草は学校の規則違反だから買ってやるわけにはいきません。しかし、その代りに何か持っていったらよいと思います。ステレオは、お金の余裕があれば買ってやってもよいと思いますが、必ずしも無理をすることはありません。』と、答えました。

そこで、父親と母親は相談して、煙草の代りに、ひげそりクリーム二個を持って行くことにし、ステレオは、家の改築資金として貯めているお金で買ってやることにしたのです。子どもに愛を示すために。

面会日の当日、母親が、『煙草は規則違反だからだめ。』と言うと、子どもは一瞬ムッとしたそうですが、『その代り、ヒゲそりクリームを二個買ってきたよ。』と言って差出すと、『いいよ。』と素直に受けとったそうです。次に『ステレオはこれを買ってやる。』と言って、三十万円のカタログを見せると、定価を見たその子は、一瞬、『そんな高いものを。』と、絶句したそうです。『高くても買ってやることにしたのよ。』と母親が言い、父親も、『そうだ、買ってやることにしたのだ。』と、繰り返し言ったそうです。すると、子どもは、『僕が就職して、もうけるようになってから自分のお金で買う。今のステレオでまにあうからいいよ。』と、断ったということです。

それから、その子は今までと変って、親を思いやる子になり、親がほめるような子に変りました。

あなたのしたことも、それとよく似ています。」

このような話をして、母親のしたことをほめた。

この話をしたのは、母親のしたことのよい結果が偶然のことではなかったことを言いたかったからである。

このような子どもにとって衝撃的なできごとは、子どもを劇的に、好ましい方向へ変えることがある。子どもの環境が、急激に変ると、子どもの行動も急激に変るのである。

一ヵ月後

今度はこちらから電話をした。

すると、

「どちら様ですか。」と、陽介が応じた。

「お母さんはいますか。」

「しばらくお待ちください。」

いかにもていねいな応答である。

母親が代り、

「子どもがよくなりました。塾へ行くのも、いつもは赤い服でしたが、このごろは普通のジャージに着がえて行きます。

昨夜、はじめて夜の外出をしましたが、昔のようにおそくならずに、九時ごろ帰りました。

それまでも、友だちから二回ほど外へ出てくるよう誘いの電話があったのですが、自分で断っていました。陽介の遊び仲間だった柴田君は、まだ授業中にすて寝をしているそうです。

陽介は、うちの応接室で、親といっしょにテレビを見るようになりました。でも、主人のことは、まだ少しけむたがっています」と、子どもの行動が、大きく好ましい方向に変化したことを話した。

二年後

の四月、母親から電話があった。

「ごぶさたしています。いつぞやはたいへんお世話になりました。おかげ様で、子どもは高校二年になりました」

「どこの高校ですか」

「城南高校です。学校ではサッカーの選手で、休日には小学生にサッカーを教えています。おかげ様ですっかり落ちつきました。今では小学生にコーチと呼ばれ、アルバイト料ももらっています。

今日、主人とも話していたことですが、昔とちがって、黙っていても親に話しかけてくれます。親に対する思いやりのことばも出てきました。

中学二年のはじめごろまで、学校からよく呼び出しがあり、親もおろおろしていたのですが、今は何も心配なくなり、家では妹とも仲よくしています。

サッカーに夢中になっていたころ、サッカーをやるなら勉強せよ、とがみがみ言ったものですが、それを言わなくなったら子どもが変ってきました。

中三になってからは自分から塾へ行くといって勉強しはじめ、遅刻もなくなり、成績もよくなり、すいせんで高校へ進学しました。

子どもも、『僕、がんばったよ。』と言っていました。私たちは先生にお目にかかってからは、勉強せよ、とは一言も言わずに、ただ見守るだけでした。昔はうるさく言ったものです。

学校へ行く時には、子どもに『行っていらっしゃい。』と、言い、帰れば、『疲れたでしょう。』と、自然にことばをかけました。

注意がましいことを言わず、黙って見守ることに方針を変えたのです。」

母も父も、私の所へ相談に来てから、そのようにしたのである。

「最初は正直言って苦痛でしたが、習慣になったら、何でもなくなりました。とにかく、必死でやったのです。」と、回顧して言った時、

「おてがらですね。」と讃辞をおくると、

「あんなふうに、子どもを悪くしたのも私です。」と、反射的に答えた。

それがわかって、子どもを叱らなくなったのである。その理由で悪い子どもをゆるしたのである。

「言い方が大切です。裁く言い方はもう卒業しました。」

母親は、きっぱりと歯切れのよい口調で言った。

「今はあの子の大学進学を待っています。本人が家庭教師をつけてほしいと言えばつけてやろうと

思います。こちらからは何も言いませんが、言ってくれるのを待っています。

中学二年のはじめごろはいつも子どものことを心配していましたが、このごろはほんとうに変ってきました。私たちは小さい時の子育てをまちがえたのです。そのせいで、あの子が中学に入学してからは、『うらんでいる。うらみを返してやる。』と言われて、泣いてばかりいました。

私たち夫婦が、先生に子育てのまちがいを教えていただいてから、子どもの言うことが変りました。『うらんでいる。』と、言っていたのが、『小さい時はこういうことがあった。』と過去の事実として言うようになり、このごろでは、それも忘れたようで、何も言わなくなりました。子どもが私をゆるしてくれたのです。」

「それは、あなた方ご両親が、子どもをゆるして、叱らなくなったからです」

「そうです。その通りです。」

母親は同意したが、それは見えない何ものかに対する感謝のことばでもあった。

体罰には成功などあり得ない

これは、高校の指導主任の座談会に、助言者として出席した時に聞いた話である。ある学校における体罰是非の問題に話がおよんだ時、年輩の教諭が、

「私は長い間指導をしてきて、体罰もやってきたが、ほとんど成果をあげたことがない。」と前置きし、

「しかし、一度だけ成功した例外がある。」と、その特例を実感をこめて語ってくれた。

「修学旅行中に規則違反をして周囲に迷惑をかけた生徒がいた。旅行中は何も言

わないことにして、解散場所の名古屋に着いた時、多くの父兄の出迎えている場所でその生徒を指名し、前に呼び出して、違反の理由を説明してからその生徒を一発撲った。

すると、迎えに来ていた父親が前に飛び出して来て、『撲らなくてもよい。話せばわかる子だ。』と大声で怒った。

その時は、それだけですんだが、その生徒の生活態度はそれ以来改まり、勉強もがんばり、立派に有名大学に進学していった。体罰で成功したのはこの生徒一人だった。」

そこで私は、

「その子がその後立派にやっていったのは、撲られたためではなく、父親が『撲らなくてもよい。話せばわかる子だ。』と、この子をかばって、ゆるしたからでしょう。父親は、ちゃんと話をすればわかる子だという理由でゆるしたのですよ。」と説明した。

もちろん、この指導主任は、今では体罰を否定する立場に立って指導を続けている。

8

教えることと裁くこと

――叱らない親や教師になるには

「裁いてはいけません。そうすれば自分も裁かれません。」（ルカ六・三七）

「ゆるしなさい。そうすれば、自分もゆるされます。」（ルカ六・三七）

「与えなさい。そうすれば自分も与えられます。」（ルカ六・三八）

愛には相手の求めているものを与えることと、相手のひけ目となっている行動をゆるすという二つの面がある。これを樹にたとえるなら、根元を一つにする二つの幹である。それが一つの根から出ているというのは、二つとも他の存在を肯定し、その幸せを願うことからである。

他人の行動をゆるすということは、逆に言えば裁かない、ということである。これは寛容といわれる愛であり、他人の求めているもの（ニーズ）を満たす愛を親切と呼ぶ。ゆるせば、自分もゆるされ、与えれば、自分も与えられることを、愛には愛のお返しがある、という。愛する者は、愛のお返しを受けるつもりがなくても受けざるを得ないのである。それは、物体は熱によって膨張する、という物理学の法則のように、真理であるからである。

裁くとは、よいか悪いかを判断して、その人の責任を追及し、ゆるすことをしないことをいう。

これを

子育ての上で考えてみることにする。子どもを裁くということは、叱るということである。しかし、叱れば、それに対するお返しがくる。そこで、親は、叱り方が足らないから子どもがいうことをきかないのだと考えて、叱り方を強め、そのうちに怒り出し、最後には手が出るようになる。それが体罰によるしつけである。

家庭内暴力や、校内暴力は、叱って育てた子の親へのお返しである。親がそれに気がついて叱ることをやめれば、子どもも、人をゆるしたり、他人に対しておもいやりのある子になる。

子ども

を裁かない、ということは、叱ることをしないという意味で、決して放任することではない。子育てでは叱らずにゆるし、そのあとで教えることが大切である。叱ってから教えるのではない。親が叱ることをやめるには、子どもをゆるすしかない。ゆるさずに叱ることをやめるのはむずかしい。ところで、ゆるすには、ゆるす理由を理性は要求する。

ゆるす人は、さまざまな理由で人をゆるしている。相手が自分の非を認めたという理由でゆるす人もある。「自分が悪かったと思っていることでもあるから。」という理由でゆるす人もあり、「このようなよいこともした子だから。」という理由でゆるすこともある。「私だって、幼い時は、そのようなこともあったのだから。」とか、理由は千差万別であげたらきりがない。

たとえば、子どもの試験の成績が悪かった時など、親は裁いたり、ゆるしたりしている。

「どうしてこんな点をとってきたの。」と詰問するのは裁くことである。

「テレビなんか見てないで、さっさと勉強したらどう?」と言ったり、「勉強しなさい。」と言うのは命令型の裁くことばである。

勉強していない子どもの行動に対して世話をやいているのである。注意するのも裁くことの一種である。このような場合、子どもは、返事をしなかったり、「わかっている。」と言ったり、「うるさい。」と言うようになる。それが、裁いたことへのお返しである。

しかし、中には親の裁くことばに素直に従う子もいる。極めてまれなことかもしれないが、そのような子は、親の言ったことばをゆるす子である。親は自分のためを思って善意で言ってくれたのだからと考え、親をゆるすのである。そのようにゆるすことのできる子は、親から与えられて満足していたり、時にはほめられもする子である。ほめられるということは、ゆるされることだが、裁かれることもある代りに、ゆるされてもいる子である。同じように裁かれても、その子、その子によって反応が異なるのは、そのような事情による。

裁いて

裁きっぱなしにせず、つまり、叱って叱りっぱなしにせず、ほめることでゆるしていることを知らせるのは、子育てで大切なことである。

子育ての失敗の原因は、子どものしてほしいことをしてやる、という与える愛の欠乏ではなく、ゆるす愛の欠乏なのである。そのことは、カウンセリングの事例研究を見ればよくわかる。

子どもが挫折した時、家庭に愛が欠けていたから、とよく言われるが、これは世話のやきすぎや叱りすぎはあっても、ゆるす愛が欠けたことを意味する。

昔から、子どもは叱るよりほめて育てよ、と言うが、これには深い意味がある。子どもの自発性や自主性が育つからほめることが大切なのではない。子どもをゆるす、というゆるしの愛を与える意味があるからである。

ほめるところをさがしても無い時は、つくるのである。知恵のある母親は、それをよくする。たとえば、子どもが試験で零点をとってきた時でも、

「このような点でも、あなたは親に見せるから正直な子です。あなたは人柄がよいのです。私は十

点とる子よりも——十点でも悪くはないけれど——あなたのように親に正直な子の方がずっと嬉しいのです。」というふうにほめられる。そのような時、子どもはとても嬉しそうな顔をする。このように、ほめることで、ゆるしたことを伝えることができるのである。

また、ゆるす理由として、

「今度は問題がむずかしかったのだ。」と、いう言い方もある。ゆるす意志があれば、ゆるす理由を見つけることはむずかしくない。

再びくりかえして言うが、ゆるされる子は、人をゆるす子になる。寛容を身につけるからである。家庭内暴力や校内暴力の子どもは、ゆるされることを知らない子である。このような子は、ゆるしてやって、はじめて人をゆるすことを学び、それを身につけるのである。だから、ゆるす人と共に住めば、ゆるす人となる、と言われるのである。

裁かず教える言い方

「裁いてはいけません。」と言えば、「それでは、子どもがよくないことをしていても、見て見ぬふりをするのですか、放任していくのですか。」との問いが出てくる。「ちがいます、教えるのです。」と、それに対して答える。

このことは、日常の子育てで、極めて大切な知識である。裁かず教えるとは、叱らずに教えるという意味で、もちろん、怒らずに教えるという意味でもある。子どものした行動に対し、叱る言い方と、教える言い方とでは表現のしかたが異なる。それを例にあげてみよう。まず、「教える言い方」には、〈因果関係を教える言い方〉と〈事実の認識を教える言い方〉とがある。

〈因果関係を教える言い方〉

・早いうちに宿題を片づけないと眠くなります。

・もう寝ないと、朝起きられません。
・それは法律違反（学校の規則違反）になります。
・それを食べるとおなかをこわします。
・静かにしないと迷惑になります。
・おもちゃを片づけておかないと失くします。
・飛び出していくと、外には自動車が走っています。
〈事実の認識を教える言い方〉
・今、〇時です。
・おもちゃが散らかっています。
・今、隣の教室は授業をしています。
・洋服の第一ボタンがはずれています。
・弟はまだ小さいのです。
以上が、〈教える言い方〉である。
これを、詰問型や命令型にすると、叱る言い方＝裁く言い方になる。
〈詰問型〉

・どうして宿題を片づけないのですか。
・どうして早く寝ないのですか。
・どうしてそのようなことをするのですか。……

〈命令型〉
・宿題は早く片づけなさい。
・もう寝なさい。
・そのようなことはやめなさい。……

これらは子育てにおける教える言い方と、裁く言い方であるが、カウンセリングの場合でも、カウンセラーが親に、「あなたが子どもをたたいて育てたから、このようになったのです。」と言えば、裁くことになる。しかし、「子どもをたたいて育てると、たたく子になります。」と言えば、教えることになる。「ここにはこう書いてあります。」と言うのも、教えることになる。

つまり、直接的な言い方をすると「裁く」ことになり、間接的に言えば、「教える」ことになるのである。

9

家庭内暴力を解決する鍵
――ゆるす愛の奇跡

幼い時

に、子どもをたたいてしつけると、やがてその子はお返しをする子になる。
裁けば裁かれるからである。

そのような公式通り、小さい時にたたいてしつけられ、中学生頃から家庭内暴力を振うようになった十七歳の男の子がいた。体力がついて暴力が激しくなると、親は処置に窮し、強い暴力を用いてでも指導するという旗印を掲げた修養所へ、本人の意向を無視して送りこんだ。

暴力には、より強い力があることを知らせることで子どもをたたき直そうという発想である。やがてその子は一ヵ月もたたないうちにそこから逃走した。

それからは親に対する仕返しの暴力がはじまった。

「なぜあのような所へ入れたんだ。お前たちは俺を撲るために生んだのか。多少のことは、どこの家にもあるが、うちはひどすぎる。お母さんは、俺を叱った時に俺が謝ってもわかってくれず、『口で言うのは簡単だよ。』と言ったが、それは俺が言いたいことだ。そして今度は、俺の意志を無視してあんなひどいところへ入れた。」と言って、毎日、高価な器物を破壊したり、両親に暴力を加えたりした。

両親は拙著『愛は裁かず』を読んで、緊急に援助を求め、今述べたことがわかったのである。

施設を逃走した時、すぐには家に入らず、家の周りを行きつもどりつして、中の様子をうかがい、しばらくして入ってきたという。帰ってからも、最初は昼間は家にいて、いろいろいいがかりをつけては親に暴力を振い、夜になると、どこかへ出ていった。寝込みを襲われることを用心深く警戒していたらしい。これは、まさに敵陣の中の警戒に似ている。

父親への暴力は特に激しく、父親は、撲られ、蹴られて、時には死んだふりをして、最悪の難を逃れたこともあったと言う。家庭内暴力にはよくあることであるが、このような状況の中で、せっぱつまった父親は、ただ拙著の読者であるという理由で、

「今からすぐに来てほしい。」と、切に私に求めるのであった。私がためらうと、

「車は外に待たせてあります。」と、父親はくりかえして言う。

ふつうはただ読者であるという理由だけではこのような要求には応じられないが、状況が切迫しているために、応ずることにした。ややためらったのは、こちらの都合を考えたのではなく、そのような状況の中へ飛び込んで、果してカウンセリングのための面接ができるのだろうか、と思ったからである。

面接を求めていない子と面接することは、道ですれ違う人と話をするのに似ている。このような場合、相手の足を止めさせて、カウンセリングをするのではなく、歩いている人と同じ方向に歩調を合わせながら話すしかない。

また、このような面接の時、相手の子に対して、こわい、という意識がどこかに存在するならば、その面接は無駄になる。稔りあるものとはならないからである。こわい、という意識は、相手の行動を裁き、困った子であると認めた時に生じる。しかし、かわいそうな子、悩める子として見るならば、こわいという意識は生まれない。こちらが憎しみと敵意をもつから、こわくなるのである。

子育てで、子どもをこわがり、はれものにでもさわるように対応する親を見ることがあるが、それは子どもを信頼していないからである。子どもをゆるしていないから、こわいのである。つまり、意識の底に子どもを責める敵意をもっている証拠である。人は相手に敵意をもてばもつほど、相手がこ

わく見えるようになる。しかし、ゆるせばたちまちそれは消える。

このことは、人間関係を考える時、大切な知見であるので、話は少しそれるが、もう少し深入りしていくことにする。やや古い話ではあるが、これについて思い出すことがある。

家庭

裁判所で調査官をしていた頃、凶悪な強盗致傷保護事件の少年を、少年鑑別所の個室で調査したことがある。強盗致傷といっても、いろいろ段階があるが、それは凄い事件であった。

かなり長い時間の調査を終えて部屋から出てくると、非行少年の取り扱いには慣れている職員でさえ、

「先生、こわいことはありませんでしたか。」とたずねた。その時、

「何もこわくありません。」と、答えたことを思い出す。

どのような場合でも、相手をゆるさず、敵意をいだくとこわくなる。嬉しい時に月を見ると、月が笑っているように見え、悲しい時に月を見ると、月が泣いているように見える。希望に満ちた時に、自然を見ると、景色が輝いて見える。外界は内界の表現である、とは、このようなことを言ったものである。

このような心理機制を、投影とか投射(projection)と呼び、感情転移の心理機制とともに、人間の

行動を理解するのに役立つ。感情転移とは、ある人に向けられた感情を、外形上類似の人や、その人と何らかの意味で関係のある人や物に向けることを言う。

家庭内暴力で、子どもが親を攻撃するのは、子どもに対して敵意をもたない親でも投影によって自分に敵意をもっているように子どもには見えるからである。

このようなことが、子どもにわかり、相手を見直すことができるようになると、子どもの暴力は急に止み、静かになる。ちょうど台風が通過した時のように。そして、今までの自らの行動に対して深い反省が起きる。

これを子どもにわからせるためには、まず親が、子どもの暴力は投影という誤解にもとづく行動だと認識し、ゆるすことが必要である。徹底してゆるせば、憎んでいた親の姿は自分の敵意の投影であることに気がつき、今まで責めていた子が、親に謝るようになる。それは、常に劇的な転換として現れ、奇跡のように見える。

この心理機制の理論は、家庭内暴力のみでなく、校内暴力の問題を解決する際の重要な鍵となることがある。

子どもが

家庭内暴力を振うようになると、周りの者は、困った子としてその子を眺め、ついにはその存在さえ否定するようになる。子どもの存在を肯定し、その子の幸せを願う善意を愛というが、このような状態になれば、子どもはまったく冷え切った環境にいることになる。

今、ここに取り上げた事例もそうである。このような状況の中で、親はカウンセラーである私の援助を求めたのである。

すぐに用意された車に同乗し、その家を訪れたが、ごく自然な形でその子に会い、自然な形で対話することにした。これは予想外のことであった。

荒れている最中の子どもに、どのようにして面接し、カウンセリングをしたかは、興味深いことであるが、詳しいことはここでは省略しておく。しかし、相手の感情に共感を示し、相手のあるがままの姿を受容して、応答をしたことは言うまでもない。

受容とは、あるがままの姿をゆるし、その姿を肯定することである。肯定とは、それではいけないと批判せず、ゆるすことを意味する。

よく話をして、やや落ちついてきた時、その子は、

「今は、やけくそのような感じだ。新聞に出るような事件を起こす人のような心境だ。慰めてくれれば、気持ちが休まる。」と、言って黙ったあと、

「『心のもち方を変えよ。』というような馬鹿なことを言うから腹が立つ。」と、興奮して言った。

誰かがこの子に言ったのを、思い出しているらしい。このようなことばや、「これから真面目になれ。」ということばを、このような子どもがもっともきらうのは、今ではよく知られていることである。そ

れは、裁くことばだからである。

子どもは、裁かずゆるすことばを求めている。そして、ゆるされると、その愛のお返しをするようになる。

「どうしてそのようなことをしたのか。」というような詰問や、「心を入れかえよ。」というような命令を子どもはいやがるのである。親は、教えることばだと思っているかもしれないが、それは、子どものきらう裁くことばであるから、子どもが裁き返すのである。それは子どもだけではない。大人も同じである。これらの類のことばは、挫折した子を立ち直らせるには、害があっても益はない。

子どもは指示や命令では、変らないが、親が愛する時に、はじめて自然に変るのである。愛には愛のお返しがあるからである。子どもが人々に愛のお返しをするようになった時、人々はその子がよくなった、と言う。

愛のお返しとは、親や教師やその他の人がしてほしいことをすることである。

この子

は、カウンセリングで、このように言ったあと、大切なことばをつけ加えた。

それは、「先生と話すと、気が休まる。先生に見離されたらおしまいだ。」ということばである。

これはカウンセリングに対する信頼のことばであり、最高の感謝の贈り物である。このようになると、子どもはカウンセラーの言うことをよくきくようになり、挫折から立ち直るのである。親や教師に対する信頼を回復する場合も同じことが言える。人は信頼する人の言うことをよくきくからである。

子どもが言うことをきかない、という時、そこには人間関係の歪みがあると推理することができる。その信頼は、信頼してくれなくては困る、とか、信頼してほしい、という要求で得られるものではない。

この子が、「心のもち方を変えよ。」ということばに、あのように怒りの反応を示したのは、君の行動はよくない、それを変えよ、と、言われたことに等しいからである。ここにも、「裁けば裁かれる」という法則のあることがよくわかる。しかし、このような指示を集団に対して言う時は、多少意味が異なり、集団の方向を教えることになって裁くことにはならない。それゆえこのことばは教育の場で用いられるのである。

この子は、「先生と話すと気が休まる。」と、言ったが、同じようなことを以前カウンセリングを行ったある母親も言っていた。

「先生と話していると、くつろげるし、安らぎが得られて心が落ちついてきます。心がひらけてくるのです。先生とお会いできてよかった。」

この中で、くつろげる、とか、安らぎがある、心が落ちつく、と言うことばがでてくるが、これは皆同じ気持ちを、ちがった表現で、くりかえしたのである。つまり、ゆるされて、自分の存在を肯定され、愛を感じたのである。このようになるためには、カウンセラーが相手を裁かず、ゆるしていくしかない。

ゆるすとは、相手の行動に対して、ゆるす解釈をしていくことである。それは、相手の存在を肯定することでもある。その時、相手の自己防衛はなくなり、気が楽になる。

人の行動について、裁く解釈をすることを、普通、人の行動を悪くとる、と言い、ゆるす解釈をすることを、良くとると言う。このように良くとる善意を愛とも言う。

今まで本書にあげた多くの事例は、親や教師が、子どもの行動についての解釈をどのように変えたら、子どもはどのように変っていったか、その相関関係を示したものである。行動の解釈が変ると、心理学的環境の変化が起き、その変化にしたがって行動が変る。だからゆるす解釈によって、人は愛を感じ、その愛によって行動を変えるのである。

ゆるす愛の奇跡というのは、ゆるされる者の行動が、劇的に変ることを言ったのである。まさに奇跡のように見えるのである。しかし、それは決して不思議なことではなく、当然のことなのである。

裁かずゆるせば、子どもは大きく変る。

ゆるすことを子育てでは、親が変るといい、親が変れば、子どもも変るのである。

先生に言いたい借りがあります

中央線の列車の中のことである。私が講演の帰りだとわかると、隣の座席の人が、「私も三児の母親ですが、女子師範を卒業して、若い頃教師をしたことがあります。」と、いつまでも忘れることのできないらしい体験を話してくれた。

「ある日、教室で私の財布が盗まれた時、盗んだのは母親の手一つで育てられた四女の子とわかりました。学年は六年でした。私はその子を指摘せず、級全体の子に、『私の財布の始末が悪くて失くしたのだ。』と自分を責めるように言いました。盗んだ子を責めなかったのは、家庭環境に同情したことと、ほんとうに自分の始末の悪いことを反省したからです。」

この二つの理由で、その子の行動に対し、ゆるす解釈をしたのである。そこに、ゆるす愛がある。

「それから三十年すぎて、クラス会があった時、その子も出席していました。そして、『先生に言いたい借りがあります。』と、私の手を握って言いました。

『借りなど何もないよ。』と、私が言ったら涙を浮かべました。

私はその時、私のものをとってくれてよかったと思いました。その後、その子の盗みは消えて、私の財布は返りませんでしたが、それ以上のものが私に返ってきたのです。私には自慢の娘がおりますが、女子大を出てから、『お姑さんのいるところへお嫁にいきたい。』と言っていました。そのことば通り母親と同居の家へ嫁ぎましたが、娘はお産も、嫁ぎ先でしました。

先日、久しぶりに女子師範時代の友人に会ったら、『あなたの家の子はみんな優しいね。育てる時に、たたいたことがあるの。』とたずねたので、『私の家はたたいたことがありません。』と、答えました。すると、友人は、『やっぱりね。私の家はたたいて育てたので、やさしくなくて、反抗ばかりして、乱暴よ。』と、言いました。私は、『よいか悪いかわからないけど、私の家は子どもをたたかずに育ててきたのよ。』と言ったのです。」

ここで、この人の教育の話は一段落した。私は共感を示しながらこのすばらしい話を楽しく聞いていた。このような人は、ゆるし方を知っている。ゆるし方がわからないと、ゆるすことはむずかしいのである。

この話の盗みの子の処置と似た例を他の所でも聞いたことがある。

ある地方に講演に行った時のことである。講演のあと、かなり大きな規模の有名な書店につとめている管理職の人が、

「先日、うちの店の客で本を黙って鞄に入れた高校生がいました。私はそれに気がついて、その子に、本を出してもらい、お金を支払ってほしい、と皆に気づかれないようにおだやかに言ってみました。すると、その子は、小さな声で、『お金を持っていない。』と言いました。

そこで、私は、『うちは営業で本屋をしているのだから、あなたにあげるわけにはいきません。ほしかったら、明日、お金を持って買いに来てください。』と言って帰しました。果してお金をもってくるかどうかはわかりませんでしたが、そのようにしたのです。すると、翌日その子が来て、盗もうとした本をお金を出して買っていきました。

このような処置でよかったのでしょうか。もちろん、住所も氏名も、学校の名前

もききませんでしたし、保護者の名前もききません。警察への連絡もしませんでした。」と、相談をしてきた。

この人は、その高校生を、完全にゆるしたのである。その子も、ゆるされたことがわかり、ゆるされる愛を感じて、本を買いに来たのである。

もし、この子に、そのような癖があったとしても、この愛によってそれ以降立ち直ったにちがいない。

それは先ほど述べた、女教師の経験と同じになるはずである。この子も、校名も名前もきかなかったのだから、そのまま買いにこなくてもすんだのだ。これは筆者の想像ではなくて、今この問題に関わったその人が、その時感動して私に言ったことばである。

私にたずねたのは、処置のよかったことを、再確認したかったのにちがいない。

少し形はちがうが、ゆるす愛を、愛に欠けた子どもに与えるという意味において女教師とまったく同じ種類の処置である。

このような問題が起きた時、どのような処置を、その子が愛と受け止めるかということが、処置のポイントである。それは学校においても、家庭においても。

10 与える愛からゆるす愛へ

——子どもは叱ればよくなるか

「よく来ました。おかけください。」

中三になるという男の子に、最初のことばをかけた。

カウンセリングのため親について来た子どもに、いつも言うことばである。ここから私と子どもとの対話がはじまる。未知の人と会う子どもは、これから面接する人は、どんな人だろうかと考え、緊張して面接室に入ってくる。

その時は、別に子どもからのことばは期待していなかったのに、

「このごろ親が、僕の言うことをきいてくれるから、僕も親の言うことをきかないと悪いでしょう。」と、思いがけないことばが返ってきた。親のすすめに応じてここに来た、と言いたいらしい。

このことばは、カウンセリングの問題の核心に、早い段階で迫るきっかけとなった。

その

一週間前、子どもの家庭内暴力に困りきった両親が相談に訪れ、子どもを厳しく育てて失敗したことを反省して帰っていったのである。厳しいしつけとは、いろいろな意味で言われているが、子どもが失敗したり、よくないことをした時には、決してゆるさず、それ相当の制裁を加えることを言う。制裁は、ことばでする場合もあるが、子どものしてほしいことをしてやらなかったり、子どものしてほしくないことをする形でも行われる。

「裁いてはいけません。裁かれないためです。」という戒めがあるように、子どものよくないことを叱って直すむずかしさを、その時、両親は身にしみてわかったはずである。

このように言った子どものかたわらで、母親は、今それを確認している様子であった。

いつも親がほめている小学校六年の弟を、この子が何かの理由で足蹴りにした時、父親は、「どうしてそんなひどいことをするのか。」と声を荒げて詰問した。すると、

「お前が俺に同じことをやって、教えてくれたではないか。」と言い返したという。

同じその子が、今ここで、あのようにことばを選んで言ったのである。

親が変れば、子どもも変ると言ったり、行動は場の関数である、と言ったりするのは、このようなことをさすのである。実際には、それがわかっていても、変ることができない、と悩む親もいる。（変るとは、裁くことからゆるすことに変ることである。）しかし、それらの人々に面接してみると、変るということばの意味がよくわかっていない。

私が家庭裁判所で調査官をしていた頃、非行少年の親に面接すると、保護者である親の多くが、

「このようになったのは、親の私が悪いのです。」と、言って謝った。そこで、

「どのようにしたことが、いけなかったのですか。」と、問い直すと、

「このような子に育てたのは親の責任です。」と、答えるだけで、自分の態度のどのような点が、子育ての失敗と関係があるのか少しもわかってはいなかった。

しかし、中には、

「子どもに対する愛が足りなかったのです。」と自らを責める親もいた。このように子どもの行動を理解する親は、子どもを裁く立場から、子どもをゆるしていたわる立場に転換する。愛が足りなかったということが、子どもをゆるす理由になるのである。

ゆるすには、ゆるす理由を、理性は要求する。ゆるされると、ゆるしの愛を感じて子どもは変る。

そして、愛された子は、愛のお返しをするようになる。

今、ここに事例としてあげた子どもが、親が自分の言うことをきいてくれるようになったから、と言ったのは、言いかえれば、親から愛が与えられるようになったからという意味である。愛とは、してほしいことをしてやり、してほしくないことをしないことである。広い意味でニーズを満たすことを言う。

その中には、「親切」という名の愛と、「寛容」という名の愛がある。これらは、それぞれ「与える愛」と「ゆるす愛」とも言う。親が子どもに乳を与え、服を着せ、小遣いを与えるのは与える愛であり、子どもの失敗に対して寛容であるのは、ゆるす愛である。

多くの家庭が子育てで失敗するのは、与える愛が不足していたためではなくて、ゆるす愛に欠け、叱ってばかりいたためである。挫折した子どもの親が、ばくぜんと、「私に愛が足りなかったのです。」とよく言う。しかし、その場合の愛は与える愛ではなく、あまりに叱りすぎたためにゆるす愛に欠けていたのだ、と考えるとよくわかる。それに気がついて、裁いて叱ることをやめたとたん、子どもが立ち直った例はいくらでもある。

子ども

に対する親の態度について、徳川時代に山鹿素行《やまがそこう》が書いた『山鹿語類』という文献がある。それを見ると、当時もこのような問題のあったことがわかるが、それには、「人の父となっては慈に止まり、人の母となっては慈に止まり、決して厳父になってはならない。」

という意味のことが書かれている。

このような主張をやや修正した子育て論が現代にはある。それは成長した子どもには厳しくすることはよくないが、幼時期には厳しくしてもよいという主張である。ちがった言い方をすれば、幼時期は甘やかさず、厳しくという子育てである。

また一方には、厳しくする時には、厳しくするが、やさしくする時にはやさしくする、という主張がある。この言い方はあいまいであるが、多分、よくないことをした時には叱り、よいことをした時には、ほめていくという意味であろう。しかし、この中には、よくないことをした時には厳しく叱るが、いつまでも叱りつづけず、ゆるしてやることをする、という意味も含まれている。

これがごく普通の家庭でなされている子育てであろう。ところが、この子育てには落し穴がある。叱る時は叱って、ゆるすことを忘れてしまう場合である。どうなるかと言えば、ゆるすことを忘れると、あの子は他の兄弟とちがって、世話のやける子だ、と思われるようになり、ゆるされない子となるのである。そうなれば、やさしくされることはなくなる。ただあるのは、厳しいしつけのみとなる。ゆるすことを忘れられた子が出てくるのである。

このような場合、親に、「子どもをほめることがありますか。」と問うと、「ほめません。ほめることがないからです。」という答が返ってくるのが常である。そう言われる子はいつも裁かれて、ゆるされない子である。

子どもを叱った場合には、その日の夜を越さないうちに、子どもをゆるして、その怒りを次の日に持ち越さないことが大切である。もしそうでなければ、ガス栓を閉めることを忘れ、開けっぱなしにするのに似ている。子育てで、子どもを叱ることをゆるされる場合は、叱ったあとでその日のうちに、子どもをゆるし、何らかの形で、ゆるしたことを確実に子どもに伝える場合のみであろう。

ゆるしたことを相手に伝えないゆるしは、ゆるさないのに等しい。

しかし、ゆるす愛が、相手に伝わらない場合もある。そこで、伝えることを考える。たとえば、叱ったあとで、叱ったという理由でそれをゆるし、ゆるしたしるしに、子どもの欲しがる高価な物を買い与えたり、子どもの行きたがる所へつれて行ったりする。外から見ればごきげんとりをしているように見えるが、それによって子どもは自分がゆるされたことがわかる。

だが、一方で、その子の中のほめるに価するところを見つけて、ほめ、それによってゆるしを伝える方法もある。前者のゆるしは間接的になるが、後者のゆるしは直接的になり、徹底する。真にほめられることによって、子どもはそれまでのことがゆるされたことを悟る。ゆるされなければ、ほめられないからである。ほめることはこのようにゆるしを与え、子どもの自発性を育てる。

子どもをほめることがむずかしいと言うのは、よい点を見つけることがむずかしいということではなくて、叱ったことをゆるすことができないからである。叱ると、叱りぐせがつき、ほめることがむずかしくなる。叱った同じ口では、ほめにくくなるからだ。相談にくる親に、家では子どもをほめますか、とたずねると、「ほめません。ほめることがありません。」と答える。そういう親は、叱ることのみに傾き、ゆるす愛に欠けるようになる。

ゆるされず裁かれる子は、人を裁き、攻撃する子になる。ゆるすことを学ばず、ゆるすことを知らないからである。その攻撃は、家庭にあっては、親や兄弟、姉妹に向けられ、学校にあっては、教師やクラスの友だちに向けられる。

このようにして、家庭内暴力や、校内暴力は起きるようになる。

家庭でも、学校でも、子どもに寛容という名の愛を身につけさせるためには、子どもに寛容というゆるす愛をまず与えることしかない。

カウンセラーは、面接という特殊な場面で、相談にきた人々を、対話の中でゆるし、重荷を取り除いて楽にして、「あなたの隣人（関わっている人）を寛容にするように」と教えるのである。

心あたたまる与える愛

ある都市の郊外でのことである。

老女が、帰りの路を忘れ、下校中の女子中学生の二人連れに、「駅に出るにはどうしたらよいですか。」と、声をかけた。

二人は互いにちょっと顔を見合せ、一人が、

「ここは道が複雑ですから、駅までご案内しましょう。」と、言った。

「それには及びません。教えていただければ結構です。」と、急いで答えたが、

「それでも、わかりにくいところですから、ご案内します。」と、言うので、礼を

述べて歩き出すと、その子は、老女の持っていたバッグを見て、

「お持ちしましょう。」と手を伸ばした。老女は、

「こんな軽いもの、大丈夫です。」と、言って歩いた。

複雑な道を通りすぎ、見通しのよい所へ出た時、

「ありがとう。」と、礼を言ったが、

「駅はもうすぐだから。」と、とうとう駅まで送ってくれて、線路を渡ると、手を振って別れた。それからその子らは、来た道とは反対方向に帰っていった。

その子らの行動は、ごく自然で、今の中学生にもこのような子がいるのかと、帰宅後の食卓で家族と話したという。

このように道を案内してくれた親切に対して、老女が与えたものは、「ありがとう。」と心から言ったひとことであった。しかし、そのひとことは、この子らに、路傍の人を喜ばすことができたという生き甲斐のようなものを与えたのかもしれない。そして、老女には、ほほえましい想い出を与えてくれた。

生き甲斐とは、自己の存在が、誰かに役立ち、誰かが喜んでくれているという意識で、価値を創造することなのである。

著者紹介

伊藤重平

1906年，愛知県に生まれる
1933年，東京高等師範学校研究科卒業
直ちに，公立小学校長
公立高等女学校教頭
愛知県児童福祉司
愛知県立女子短期大学講師
名古屋家庭裁判所主任調査官
同調停委員
名古屋家庭裁判所参与員
マザーズ・カウンセリング・センター講師などを歴任
1991年7月，逝去
著　書　『愛は裁かず』『十字路に立つ子ら』
　　　　『あたえる愛から，ゆるす愛へ』(以上，黎明書房)，他

ゆるす愛《あい》の奇跡《きせき》

2004年9月15日　初版発行

著　　者　伊《い》　藤《とう》　重《じゅう》　平《へい》
発 行 者　武　馬　久　仁　裕
印　　刷
製　　本　㈲ナウ出版工房

発行所　株式会社　黎《れい》　明《めい》　書《しょ》　房《ぼう》

〒460-0002 名古屋市中区丸の内3-6-27 EBSビル
☎052-962-3045　FAX052-951-9065　振替・00880-1-59001
〒101-0051 東京連絡所・千代田区神田神保町1-32-2
南部ビル302号　☎03-3268-3470

落丁本・乱丁本はお取替します。　ISBN4-654-02079-9

子どもとともに成長する
不登校児の「親のグループ」
小野　修著
A5／1900円
ファシリテイターのためのマニュアル／不登校児の「親のグループ」を運営する際の心得や方法、参加者の変化のための援助要因や変化の方向などを具体的に説明する、新しい援助方法の手引書。

愛《かな》しき人《もの》たちの詩《うた》
山下英三郎著
四六／1553円
不登校の子どもたちと歩き続けて／不登校児など、孤立し苦悩する子どもたちに愛の手をさしのべつづけてきたスクールソーシャルワーカーの活動の軌跡を詳述。

ゆれる思春期の子どもとどうつきあうか
諏訪耕一他編著
四六／1650円
親も教師もともに変わろう／思春期の子どもの心に寄り添い、上手につきあうための方法を、学校内の対人関係、家庭・親子の関係、気になる言動、不登校などに分けて、現場の教師が経験した三七の事例とともに紹介。

表示価格は本体価格です。別途消費税がかかります。